한국사
리뷰

한국사 리뷰

초판 1쇄 인쇄 2019년 4월 19일
초판 1쇄 발행 2019년 4월 30일

지은이 김은석
펴낸이 김승희
펴낸곳 도서출판 살림터

기획 정광일
편집 조현주
디자인 김경수

인쇄 · 제본 (주)현문
종이 월드페이퍼(주)

주소 서울시 양천구 목동동로 293, 22층 2215-1호
전화 02-3141-6553
팩스 02-3141-6555

출판등록 2008년 3월 18일 제313-1990-12호
이메일 gwang80@hanmail.net
블로그 http://blog.naver.com/dkffk1020

ISBN 979-11-5930-097-4 (03910)

이 도서의 국립중앙도서관 출판예정도서목록(CIP)은 서지정보유통지원시스템 홈페이지
(http://seoji.nl.go.kr)와 국가자료종합목록시스템(http://www.nl.go.kr/kolisnet)에서
이용하실 수 있습니다. (CIP제어번호 : CIP2019014418)

한국사
리뷰

드라마와 영화로 배우는 한국사 수업

김은석 지음

살림터

책을 내면서

제가 1998년 역사 교사가 되었을 때 선배 선생님들이 많은 조언을 해 주셨습니다. 그중 가장 인상적이었던 조언은 "〈용의 눈물〉 같은 드라마를 아이들에게 보여 주면서 수업을 할 수 있는 역사 교사가 되었으면 좋겠다"는 말씀이었습니다. 〈용의 눈물〉은 1996년부터 1998년까지 KBS1에서 방송된 드라마로, 태조 이성계가 정도전과 함께 조선을 건국하는 과정부터 태종 이방원이 두 차례의 왕자의 난을 거쳐 왕이 되어 왕권을 강화하는 과정까지 묘사했습니다. 특히 이성계와 이방원 부자 사이의 갈등이 재미있게 묘사되어 시청률도 높고 인기가 많아서 화제가 되었습니다. 저도 꼭 시청하던 드라마였기 때문에 〈용의 눈물〉 같은 드라마나 영화를 이용한 수업을 해야겠다는 생각을 하게 되었습니다.

2000년대에 들어서면서 교실에 텔레비전이 설치되고, 교사에게 노트북이 지급되면서 현재 많은 선생님들이 시청각 교재를 활용하는 수업을 하고 있습니다. 저도 드라마나 영화를 역사 수업에 이용해야겠다는 생각으로, 사극이 방송되거나 영화가 개봉할 때마다 꼭 보려고 노력합니다. 물론 사극들을 시청하다 보면 극적인 재미를 위해 역사를 왜곡하거나 판타지로 묘사하는 경우들도 많습니다. 하지만 한국사 교과서에 나올 정도의 역사적 사건들은 사극에서도 사실적으로 묘사합니다. 사극은 '역사가 스포'라는 말이 있는 것처럼 극적인 사실감을 위해 역사적 사실을 바꿀 수는 없기 때문이죠.

　사실 한국사를 제외한 다른 과목들은 드라마나 영화를 이용한 수업을 하는 것이 어렵습니다. 그렇지만 지금까지 방송되거나 개봉된 사극들은 굉장히 많기 때문에 역사 교사에게는 드라마나 영화가 보물 창고와 같습니다. 이 책에서 다룬 사극들은 전체 중 일부에 불과합니다. 게다가 지금까지 방송되거나 극장에서 상영된 사극들을 보면 고대부터 현대까지 다루지 않은 시대가 거의 없을 정도입니다. 물론 너무나 방대한 분량을 아이들에게 다 보여 줄 수는 없으므로 한국사 교과서와 관련된 내용들만 편집하여 수업에 이용하곤 합니다. 이 책에서는 한국사 수업에 활용할 수 있는 사극들을 다루며 설명을 하고, 가상 드라마의 형태로 극화 수업을 할 수 있는 사례를 제시하려고 합니다.

　역사 수업에서 역사적 사실을 암기하고 이해하는 것만 한다면 교사의 설명과 필기만으로도 충분할 수 있습니다. 그렇지만 한국사 수업의 가장 중요한 목적은 역사적 감수성을 교육하는 것입니다. 이러한 교육에 가장 필요한 것이 바로 드라마나 영화가 갖고 있는 '스토리'입니다. 2018년 tvN에서 방송된 〈미스터 션샤인〉은 그동안 사극에서 다루지 않았던 의병의 시대를 다루어 큰 인기를 얻었습니다. 지금까지 의병에 대해서는 나라를 빼앗기지 않으려 목숨을 걸고 싸운 용기 있는 사람들이었다고 설명할 수밖에 없었습니다. 그런데 〈미스터 션샤인〉은 백성들이 왜 의병이 되어 싸울 수밖에 없었는지를 '스토리'로 보여 주면서 감동을 선사했습니다. 제가 그동안 했던 어떤 역사 수업보다도 〈미스터 션샤인〉에서 묘사한 장면이 아이들에게는 역사적 감수성을 배울 수 있는 교육이었다고 생각합니다.

이 책을 통해 많은 독자들이 드라마와 영화를 보듯 한국사를 공부하며 역사적 감수성을 키울 수 있기를 소망합니다. 끝으로 이 책이 출판될 수 있도록 많은 도움을 주시고, 애를 쓰신 도서출판 살림터 여러분께 깊은 감사의 말씀을 전합니다.

2019년 4월
김은석

차례

II. 고려 시대

III. 조선 시대

선사 시대에서
남북국 시대까지

1. 선사시대의 발전

영화 〈불을 찾아서〉

감독: 장 자크 아노 개봉 연도: 1981년

줄거리: 원시 시대 어느 크로마뇽인 부족은 네안데르탈인의 공격을 받는 과정에서 불씨를 잃어버립니다. 불을 피울 줄 모르는 부족은 늑대들에게 쫓기고, 추위에 떠는 위기에 빠지죠. 부족의 지도자는 불씨를 찾아오라고 부족원 3명을 멀리 보내는데, 이와 같이 불을 찾는 과정에서 벌어지는 일들을 보여 주는 재미있는 영화입니다. 더 발전된 부족에게서 불을 피우는 방법을 배우면서 주인공이 충격을 받는 장면이 매우 인상적이랍니다.

<불을 찾아서>로 배우는 **구석기 시대**

현재 세계 곳곳에서 살고 있는 인류를 '현생인류'라고 합니다. 전문적인 말로는 '호모 사피엔스 사피엔스'라고 하죠. '호모'는 '인간'을 뜻하고, '사피엔스'는 '지혜로운'이라는 뜻이니까 합쳐서 '매우 지혜로운 인간'이라는 뜻입니다. '호모 사피엔스 사피엔스'는 지금으로부터 약 4만~3만 년 전부터 지구에 살았던 것으로 알려져 있습니다. 그렇다면 '인간'이라고 부를 수 있는 사람들은 언제부터 지구에 살기 시작했을까요? 여러 주장들이 있지만 일반적으로는 약 400만 년 전 두 발로 걸어 다니기 시작한 '오스트랄로피테쿠스'를 최초의 인류라고 할 수 있습니다. '오스트랄로'는 '남방(남쪽)의'란 뜻이고 '피테쿠스'는 '원숭이'란 뜻이니, '남방의 원숭이'

란 이름이죠. 그런데 이상하지 않나요? 왜 최초의 인류를 '원숭이'라고 부르는 걸까요?

1924년 '오스트랄로피테쿠스'의 뼈가 처음 남아프리카(현재 남아프리카공화국)에서 발견되었습니다. 뼈의 대부분은 원숭이와 같았지만 한 가지 다른 점이 있었습니다. 두 발로 서서 걸어 다녔다는 것을 알 수 있는 일부의 뼈들이 발견되었던 것입니다. 또한 주변에서는 사냥해서 잡아먹은 동물들의 뼈와 사냥도구로 이용된 것으로 보이는 뼈도구들이 발견되었습니다. 오스트랄로피테쿠스가 손을 자유롭게 사용하며, 나무막대기나 동물 뼈 등 도구를 사용했다는 것을 보여 주는 증거였습니다. 영화 〈불을 찾아서〉에서는 인류가 사용한 도구가 점차 발전하는 모습을 보여 줍니다. 단순한 창을 사용하던 부족들은 작은 화살을 이용한 활과 작살을 보고 충격을 받습니다. 창은 기껏해야 10미터 정도를 날아갈 뿐이었지만 화살은 100미터 이상을 날아갔기 때문에 작고 빠른 짐승들도 잡을 수가 있었죠. 인류 문화의 발전은 도구의 발전이었음을 잘 보여 주는 장면입니다.

그런데 도구를 사용한다는 것이 인류만의 특징은 아닙니다. 침팬지들은 가느다란 나뭇가지를 개미굴에 넣어 붙어 나온 개미들을 잡아먹기도 하고, 열매의 껍질을 돌로 내리쳐 까먹기도 합니다. 또한 수달은 배 위에 돌을 올려놓고 조개를 내리쳐 깨서 먹기도 합니다. 인류도 처음에는 자연 상태의 돌, 나무, 뼈들을 도구로 이용했습니다. 그러고 나서 점점 도구를 만들기 시작했죠. 돌은 썩지 않기 때문에 오랫동안 그 형태를 유지할 수 있습니다. 그래서 구석기, 신석기 시대의 도구는 거의 돌로 만들어진 것이랍니다.

구석기를 우리말로 '뗀석기'라고 하고, 신석기는 '간석기'라고 합니다. '뗀석기'는 큰 돌을 깨트려서 떼어 낸 석기라는 뜻이고, '간석기'는 돌을 갈아서 날카롭게 만든 석기라는 뜻입니다. 우리나라에서는 약 70만 년 전부터 구석기 시대가 시작되었고, 약 1만 년 전(기원전 8000년경) 신석기 시대가 시작되었습니다. 그러니까 돌을 갈아서 날카롭게 만들 수 있다는 것을 사람들이 깨달은 지는 겨우 1만 년밖에 되지 않았습니다.

인간이 발견한 최초의 과학기술은 무엇일까요? 맞습니다. 불입니다. 그리스 신화에서 프로메테우스는 제우스에게서 불을 훔쳐 인간들에게 문명을 알려 주었죠. 인류

프로메테우스: '미리 생각하는 사람'이라는 뜻의 이름이죠. 인간에게 불을 훔쳐다 준 사람으로 인간의 문명이 불에서 시작되었음을 알려 줍니다.

문명의 발전이 바로 불의 사용으로부터 시작되었음을 보여 주는 이야기입니다. 그렇다면 사람들은 처음에 불을 어떻게 사용하기 시작했을까요? 가상 영화 〈불〉의 한 장면을 봅시다.

원시인 추장: 불씨가 꺼져 버렸다. 저 산 너머에 불을 피울 줄 아는 부족이 있다고 하니 불씨를 얻어 오도록 하여라.

원시인: 예, 불을 구해 오겠습니다.

　　(온갖 고생을 하며 불을 피우는 부족을 찾는 데 성공한다.)

원시인: 저희 부족이 불씨를 꺼트려 매우 곤란한 상황입니다. 불씨를 나눠 주시기를 부탁드립니다.

불 피우는 원시인: 불씨가 꺼지면 다시 얻으러 와야 하니 불 피우는 방법을 알려 드리겠습니다. (나무 막대기를 나무 홈에 맞추어 빠르게 돌리며 불씨를 만들어 마른 잎사귀를 이용해 불을 피우는 방법을 알려 준다.)

원시인: 우와, 이건 마술이야. 이것만 배워 가면 얼마든지 불을 피울 수 있겠구나.

불 피우는 원시인 모형

하늘에서 번쩍하고 번개가 치면, 숲에 불이 붙어 큰불이 난 후에 동물들이 불에 타 죽은 채로 발견되는 경우가 많았습니다. 그런데 이게 웬걸요. 생으로 먹던 고기보다 불에 탄 동물들의 고기가 훨씬 맛있었던 거예요. 그래서 큰불이 난 후 나무에 남아 있는 불씨를 동굴로 가져와 마른 풀과 나뭇가지로 불을 피우는 프로메테우스 같은 천재가 나타났죠. 〈불을 찾아서〉는 인류가 불을 이용했던 모습을 잘 보여 줍니다. 동굴 속에 불을 피우고, 사냥한 동물들의 고기를 구워 먹는 장면이나 동굴 주변을 노리는 늑대들을 불로 쫓는 장면이 나오죠. 이렇게 인류는 춥고 어두운 동굴을 따뜻하고 밝은 곳으로 만들었고, 낚시로 잡은 물고기와 사냥한 동물들을 맛있게 구워 먹을 수 있었습니다. 게다가 이제 불을 무서워하는 동물들은 불을 피운 동굴 근처에는 얼씬도 못 했죠. 불을 갖게 된 인간은 더 이상 맹수들의 먹이가 되지 않았고, 지구 전체의 지배자가 되어 갔던 것입니다.

영화 〈알파: 위대한 여정〉

감독: 앨버트 휴즈 **개봉 연도**: 2018년

줄거리: 늑대가 개가 되는 과정을 묘사한 영화가 〈알파〉입니다. 사냥 중 무리에서 낙오된 주인공이 역시 무리에서 낙오된 '알파'라는 늑대와 함께 고생을 하며 인간 무리로 돌아오는 이야기입니다. 주인공과 '알파'는 서로 사냥을 도우며 '친구'가 됩니다. 인간 무리에 합류한 '알파'가 낳은 새끼들이 커서 인간들과 함께 다니는 마지막 장면은 '개'가 '인간의 친구'가 되었음을 잘 보여 주죠.

〈알파〉로 배우는 신석기 혁명

약 1만 년 전 지구에는 추운 빙하기가 끝나고 따뜻한 간빙기가 시작되었죠. 빙하기에는 날씨가 추웠기 때문에 매머드 같은 털이 많고, 덩치가 큰 동물들이 많이 살았습니다. 덩치는 컸지만 느렸기 때문에 협동을 잘하면 쉽게 잡을 수도 있었죠. 그런데 간빙기가 시작되면서 날씨가 따뜻해지자 토끼, 여우, 새 등 작고 빠른 짐승들이 많아졌어요. 사람들이 근처에 다가가기만 해도 달아나 버렸기 때문에 사냥하기가 엄청 어려워졌죠. 그래서 발명된 도구가 바로 활입니다. 멀리서도 화살을 쏘아 짐승을 잡을 수 있었죠. 화살의 끝에는 날카로운 화살촉을 달았는데, 칼처럼 날카롭게 만들기 위해 사람들은 돌을 갈기 시작했어요. 즉 간석기가 만들

어진 거죠. 신석기 시대의 시작이었습니다.

날씨가 따뜻해지면서 사람들은 농사를 짓고, 동물을 키우는 목축을 시작했습니다. 사람들은 과일 등 열매를 먹고 난 후 씨를 버린 곳에서 식물들이 다시 자라나는 것을 오랜 경험을 통해 알게 되었습니다. 간빙기가 시작되면서 사냥이 힘들어지자 사람들은 식물과 동물을 키워서 먹어야겠다는 생각을 했죠. 그래서 조, 수수, 피 등을 땅에 묻고, 물을 주어 농사를 짓기 시작했어요. 또한 동물의 새끼를 잡아 죽이지 않고 키워서 새끼를 낳게 하고, 잡아먹는 목축을 했죠. 가상 드라마 〈개가 알려 준 목축〉을 통해 어떻게 목축이 시작되었는지 알아봅시다.

> 원시인 1: 요즘 동물들이 빨라져서 사냥하기가 어려워.
> 원시인 2: 맞아. 그런데 개를 강아지 때부터 키우니까 순해지는 것처럼 다른 동물들도 새끼 때부터 키우면 순해지지 않을까?
> 원시인 1: 좋은 생각이야. 멧돼지, 소, 닭의 새끼를 키워서 잡아먹으면 사냥할 필요도 없고 언제든지 배부르게 고기를 먹을 수 있으니까.

이와 같이 인간이 처음 가축으로 키우게 된 동물은 개였습니다. 고고학적 증거로 보면 약 4만 년 전부터는 개를 키우기 시작한 것으로 보이는데, 개들은 사람들이 먹고 남긴 뼈 등을 얻어먹기 위해 먼저 인간 무리에 끼어 함께 살게 되었다고 합니다. 사람들이 사냥할 때 이용하거나 집을 지키는 가축으로 개를 키우면서 '친구'가 된 셈이죠. 영화 〈알파〉는 이러한 과정을 잘 보여 줍니다. 인간이 동물을 사냥할 때 알파(개의 시조)가 동물을 몰아서 힘이 빠지게 만드는 역할을 하죠. 인간이 불을 피워 고기를 구워서 먹을 때 남은 고기와 뼈를 얻어먹으며 알파와 인간은 점차 친구가 됩니다. 엄청난 고생 끝에 인간 무리로 돌아온 알파는 새끼를 낳고 인간과 함께 살게 됩니다. 새끼들은 성장하여 인간들과 친구가 되어 하나의 무리가 됩니다. 그러면서 사람들은 다른 동물들도 개처럼 새끼를 잡아다가 키우면 사냥에 실패하더라도 고기를 먹을 수 있겠다고 생각하게 되었습니다. 실제로 작고 빠른 동물들의 등장으로 사냥이 힘들어진 약 1만 년 전부터 본격적인 목축을 시작했답니다.

이와 같이 신석기 시대에 농사와 목축을 시작했다고 하여 이를 '신석기 혁명'이라고 합니다. 그런데 개미도 '신석기 혁명'을 했다는 것을 알고 있나요? 개미 중에는 작은 버섯을 키워서 먹는 농사짓는 개미도 있으며, 진딧물이라는 아주 작은 곤충을 키워서 그 수액을 음료수로 먹는 등 목축을 하는 개미도 있습니다. 개미들이 농경과 목축을 시작한 것이 5,000만 년 전이었다고 하니, 지구 최초의 문명은 개미들이 시작했다고 볼 수도 있겠네요.

토기 사용 모습 복원 모형

인간의 삶에 가장 중요한 것이 '의·식·주'입니다. 우리말로 옷, 음식, 집이죠. 먼저 옷부터 살펴봅시다. 신석기 시대에 발명된 새로운 도구 중에는 가락바퀴와 뼈바늘이 있습니다. 가락바퀴는 실을 만드는 도구예요. '삼'이란 식물은 실의 원료인데, 가락바퀴에 나무 꼬챙이를 끼워 돌리면서 실을 꼬아 '삼실'을 만들었어요. 이 실을 뼈바늘에 연결하여 옷을 만들거나 그물을 만드는 데 사용했던 거예요. 다음은 음식에 대해 알아볼까요? 신석기 시대에 인류가 발명한 최고의 과학기술은 '토기'입니다. 우리말로는 '흙으로 만든 그릇'이죠. 가상 드라마 〈토기〉의 한 장면을 통해 인간이 어떻게 그릇을 만들게 되었는지 살펴봅시다.

신석기인 1: 곡식을 수확하면 깨끗하게 보관할 방법이 없을까?
신석기인 2: 불을 피우고 나면 진흙이 단단하게 굳어 버리더라고. 그러니까 진흙으로 그릇을 만들어 불로 구우면 곡식을 깨끗하게 보관할 수 있을 것 같아.
신석기인 1: 그릇에 물을 끓여 고기, 곡식을 삶아 먹으면 색다른 맛이 나겠는걸.

사람들은 오랜 경험을 통해 불을 피운 자리에서 진흙이 단단하게 굳는 현상을 발견했습니다. 또 신석기 시대가 시작되어 조, 수수, 피 등 곡식을 재배하면서 보관할 그릇이 필요하게 되었죠. 그래서 진흙으로 그릇을 만들기 시작했어요. 그릇이 만들어지자 사람들은 요리를 하게 되었죠. 구석기 시대에는 고기와 열매를 생으로 먹거나 불에 구워 먹는 등 두 가지 방법밖에 없었습니다. 그런데 그릇이 생기면서 이제 끓는 물에 삶아 먹거나 쪄서 먹는 등 다양한 요리를 하게 되었죠.

빗살무늬토기

간석기 제작 복원 모형

　이제 집에 대해 알아봅시다. 구석기 시대에 사람들은 동굴이나 바위 그늘 등에서 살았어요. 그러다가 구석기 시대 후기에는 '막집'이라는, 한 마디로 '막 지은 집'이 나타났죠. 그리고 신석기 시대가 시작되면서 지은 새로운 집이 바로 '움집'입니다. '움'은 '땅을 파서 움푹 들어간 구덩이'를 뜻하는 말이죠. 즉 구덩이를 파고 그 위에 나무 뼈대와 지푸라기 등으로 덮어 집을 만들었습니다. 신석기 시대에는 동그랗거나 모서리가 동그란 사각형으로 만들었는데, 청동기 시대에는 점점 구덩이를 파지 않게 되었고, 직사각형으로 움집을 짓기 시작했답니다.

신석기 시대 움집 복원 모형

영화 〈10000 BC〉

감독: 롤랜드 에머리히 **개봉 연도:** 2008년

줄거리: 영화 제목처럼 기원전 1만 년 전 매머드가 아직 멸종하지 않은 시대를 배경으로 한 영화입니다. 인간은 매머드를 잡기 위해 커다란 그물을 사용하여 사냥을 하기도 했죠. 그런데 이 영화에서는 피라미드가 이 시기에 만들어졌다고 가정합니다. 그래서 피라미드 건설에 거대한 매머드의 힘을 이용하는 장면을 묘사했습니다.

<10000 BC>로 배우는 인간 불평등의 시작

구석기, 신석기 시대에 사람들은 평등한 공동체 생활을 했다고 합니다. 그걸 어떻게 아느냐고요? 맞아요. 우리가 직접 보지 않은 이상 추측을 할 수밖에 없죠. 그런데 지금도 아마존이나 아프리카, 동남아시아, 남태평양 등에는 신석기 시대와 같은 생활을 하는 부족들이 많이 살고 있습니다. 심지어는 구석기 시대처럼 생활을 하는 부족들도 발견되고 있죠. 문화인류학에서는 이러한 원시부족들을 많이 연구했는데, 대부분 부족장이나 추장을 중심으로 공동체 생활을 하고 있다고 합니다. 예를 들어 부족의 젊은 남자들이 사냥을 함께 나가 멧돼지를 잡아 오면 마을 전체가 고기 파티를 하는 거죠. 그때는 추장이 부족 사람들 모두가 빠짐없이 먹을 수 있도록 고기를 골고루 나눠 준답니다.

이와 같이 지금도 원시부족들이 평등한 공동체 생활을 하고 있는 것을 볼 때, 인류는 구석기, 신석기 시대부터 평등하고 서로 돕는 생활을 했음을 알 수 있습니다. 인류는 아기와 어린이로 자라는 기간이 매우 긴 동물이죠. 그래서 엄마와 아빠가 자식들이 성장할 때까지 키워야 했고, 가족이 나타나게 되었죠. 또한 인간은 혼자서는 약한 동물이었기 때문에 여러 사람들이 힘을 합쳐야 살아남을 수 있었어요. 그래서 다른 사람들과 협동하기 위해 '언어'를 발명했습니다. 이처럼 인간은 다른 사람들과 서로 돕지 않으면 살 수 없다는 것을 알았기 때문에 조금이라도 먹을 것이 생기면 모두가 나눠 먹었어요. '내 것'이 아니라 '우리 것'이란 생각이 먼저였죠. 그렇다면 인간은 왜 불평등해졌을까요? 그 이유를 알 수 있는 가상 영화 〈욕심〉의 한 장면을 봅시다.

족장: 올가을에 수확한 곡식들을 부족 전체가 굶지 않도록 나눠 주었는데도 곡식이 남았네.

족장 부인: 남은 곡식들은 어떻게 할까요?

족장: 우리 집에 두었다가 우리 가족들이 더 배부르게 먹으면 되겠네.

(족장 가족들은 남은 곡식을 자기 것으로 만들면서 더 배불리 먹게 되자 욕심이 생겼다. 흉년이 들어도 족장 가족의 몫을 먼저 챙기기 시작하면서 많은 부족 사람들이 굶주리게 된 것이다.)

신석기 시대부터 사람들은 농사를 짓고, 목축을 하기 시작했어요. 그래도 신석기 시대에는 사냥과 물고기 잡이로 얻는 식량이 곡식과 가축보다 더 많았죠. 남는 것이 별로 없었습니다. 청동기 시대에는 더 발달된 도구를 이용하여 마을 사람 전체가 먹고도 남을 곡식과 가축이 생겼어요.

사람들은 이제 '내 것'을 갖고 싶어 했죠. 이를 '사유재산'이라고 합니다. 족장들은 권력을 갖게 되었고, 사유재산을 많이 차지한 '부자'가 되었어요. 대부분의 사람들은 '내 것'이 없었기 때문에 가난한 '빈자'가 되었죠. 이를 '빈부격차'라고 합니다. '가난한 사람과 부유한 사람 사이의 차이'가 점점 커지면서 '계급'이 나타났어요. 족장의 가족과 친척들이 지배층이 되었고, 지배층을 주인으로 모시는 노비들도 생겨났죠. 인간은 이제 불평등해지기 시작한 거죠.

영화 〈10000 BC〉에는 피라미드를 건설하는 이집트 지배층들이 금속으로 치장하고 금속 무기를 사용하는 장면들이 나옵니다. 주변 부족들은 구석기 또는 신석기를 사용하는 상황에서 엄청난 문명을 발전시킨 것이 이집트 문명이었음을 잘 보여 주죠. 현재 인류가 가장 많이 사용하는 금속은 철입니다. 그것은 지구에 가장 많은 금속이 철이기 때문이죠. 한마디로 가장 쉽게 구할 수 있기 때문에 지금도 곳곳에서는 철을 사용하고 있습니다. 그렇다면 왜 인류가 처음으로 사용한 금속은 청동일까요? 먼저 청동이 무엇인지 알아야 됩니다. 청동은 구리와 주석 또는 아연의 합금(여러 금속을 합쳐서 만든 새로운 금속)입니다. 구리, 주석, 아연의 공통점은 '녹는점'이 낮다는 것입니다.

인류는 어떻게 금속을 발견했을까요? 사람들은 불을 피우는 자리를 돌로 둘러싸서 '화덕'을 만들었는데, 어쩌다가 돌에서 이상한 물질이 녹는 것을 발견했어요. 불이 꺼지고 화덕이 식으면 그 물질이 다시 단단하게 굳었는데, 돌보다 단단했답니다. 이 물질이 아마도 '주석'이었을 거예요. 주석은 '녹는점'이 232도로 쉽게 녹는 금속이죠. 또 발견된 금속은 '녹는점'이 420도인 '아연'이었고, 이어서 발견된 금속은 '녹는점'이 1,083도인 '구리'였죠. 그런데 구리는 너무 부드러운 금속이어서 별로 쓸

거친무늬거울

모가 없었어요. 그래서 주석과 아연을 섞어 새로운 금속을 만들었는데, 이것이 바로 '청동'입니다.

청동은 돌보다 단단한 금속이어서 청동 칼은 돌칼과 부딪혔을 때 적의 돌칼을 모두 부러뜨려 버리는 무시무시한 무기였습니다. 신무기를 갖게 된 부족들은 돌칼을 사용하는 부족들을 공격하여 지배하기 시작했습니다. 청동 칼을 사용하는 부족들이 지배층이 되고, 전쟁에 진 부족들은 피지배층이 되었죠. 이처럼 청동기의 사용은 전쟁으로 이어졌고, 계급이 더욱 강화되어 인류는 점점 불평등해졌습니다. 가상 드라마 〈하늘의 아들〉을 통해 당시 지배층의 천손 사상에 대해 살펴볼까요?

족장: (한 손에는 청동 칼을 들고, 한 손에는 청동 방울을 들고, 목에는 청동 거울을 목걸이처럼 걸었다.) 나는 하늘의 아들이다. 나의 조상님인 하늘신께 제사를 올리도록 할 것이다.

부족 사람들: (족장 가슴에 걸린 거울에 태양빛이 반사되어 족장 얼굴을 제대로 쳐다볼 수가 없다.) 족장님은 하늘의 아들이라 가슴에서 태양빛이 번쩍이네. 역시 하늘의 후손은 우리 보통 인간들과는 다르다니까.

지금까지 발견된 청동기는 칼, 거울, 방울 등이 대표적입니다. 청동의 원료인 주석, 구리 등은 풍부하지 않은 금속이기 때문에 지배층만이 가질 수 있는 일종의 귀금속이었어요. 그래서 당시 족장은 하늘이나 조상

청동 방울

들에 제사를 지내는 등 의식이 있으면 청동기로 온몸을 치장했습니다. 한 손에는 칼을 들고, 한 손에는 방울을 들고, 목에는 거울을 목걸이처럼 걸었어요. 족장의 가슴에 걸린 청동거울엔 태양빛이 반사되었고, 사람들은 눈이 부셔서 족장을 제대로 쳐다보지도 못했죠. 족장은 이제 '하늘의 아들'이 되어 사람들을 지배하게 되었던 거예요.

고인돌 제작 상상 모형: 고인돌을 세울 때 많은 사람들이 일했음을 보여 줍니다.

이집트 문명에서 피라미드를 건설한 것처럼 우리나라에서는 고인돌이 건설되었습니다. 전 세계 고인돌의 3분의 2가 우리나라에 있습니다. 고인돌은 무엇일까요? 우리나라 청동기 시대의 무덤이 바로 고인돌이에요.

강화도 부근리 고인돌

전북 고창 고인돌군

거대한 고인돌을 만들려면 적어도 수백 명의 남자들이 필요했을 것입니다. 한 가족을 5명 정도로 본다면 당시 부족의 규모는 2,000명 전후였을 테니, 그 정도의 사람들을 지배하는 권력을 가진 족장의 무덤이 고인돌이라고 할 수 있죠. 그러나 모든 고인돌이 지배층의 무덤은 아닙니다. 예를 들어 전라북도 고창 같은 경우에는 크고 작은 고인돌이 떼로 몰려 발견되었어요. 고창에서만 지금까지 약 1,600여 기(무덤을 세는 단위) 정도가 발견되었으니까 남부지방의 고인돌은 일종의 공동 묘지처럼 만들었던 것입니다.

우리나라의 철기 시대는 기원전 5세기 무렵 시작되었습니다. 철은 매우 흔한 금속이어서 무기뿐만 아니라 농기구로도 많이 사용되었죠. 청동기 역시 계속 만들어졌는데, 그 이유는 제사 등 의식용 도구에는 꼭 청동을 사용했기 때문이에요. 금속 제련 기술이 발전했기 때문에 철기 시대에 제작된 청동기들은 매우 정교하게 만들어졌습니다. 특히 세형동검, 잔무늬 거울 등은 대표적인 철기 시대의 청동기입니다. 또한 청동기를 만들 때 사용한 거푸집이 발견되었는데, 이는 독자적인 청동기 문화가 발전했음을 보여 주는 증거입니다. 다음은 가상 드라마 〈돈과 붓〉의 한 장면입니다.

족장: 중국 상인들에게 받은 돈을 장부에 잘 적어 두어라.
서기: 예, 이 붓으로 한자를 써서 꼼꼼히 기록하고 있습니다.

철기 시대의 무덤에서는 중국 돈이 발견되기도 하고, 특히 경남 창원 다호리 유적에서는 붓이 발견되었습니다. 이 유물들은 당시 중국과의 무역이 활발했음을 보여 줍니다. 명도전, 오수전, 반량전은 모두 중국에서 사용된 화폐들인데, 우리나라 사람들이 중국인들과 무역할 때 받은 돈을 사용했다는 것을 알려 주죠. 또 붓은 글을 쓰는 도구인데, 당시 우리나라에는 문자가 없었기 때문에 붓으로 쓸 수 있는 문자는 중국의 한자뿐이었어요. 즉 중국과의 교류로 중국 돈도 사용하고 한자도 사용했음을 알 수 있습니다.

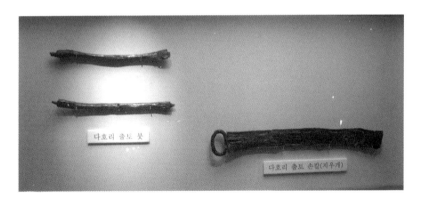

다호리 출토 붓

2. 고조선과 여러 나라의 성장

드라마 〈태왕사신기〉

작가: 송지나, 박경수 **연출:** 김종학, 윤상호 **방송 연도:** 2007년 MBC 방송

줄거리: 이 드라마에서 환웅은 하늘에서 내려와 웅족과 호족을 백성으로 받아들였는데, 환웅이 웅녀와 결혼하자 호녀가 이를 질투하는 장면이 나왔습니다. 시간은 흘러 환웅과 같은 얼굴의 담덕(광개토대왕)이 태어납니다. 물론 웅녀와 호녀도 같은 얼굴로 태어나 담덕을 둘러싼 삼각관계가 다시 시작된답니다.

〈태왕사신기〉로 배우는 단군 신화의 의미

강화도 마니산 참성단: 강화도는 청동기 시대부터 많은 고인돌이 만들어진 지역으로 단군 신화의 배경인 청동기 시대의 상징적인 곳이라고 할 수 있습니다.

개천절이 무슨 날이죠? 맞아요. 단군왕검이 우리 민족 최초의 나라 고조선을 세운 것을 기념하는 날이죠. 단군 신화는 들어 봤죠? 현재 한국사 교과서는 우리 민족이 세운 최초의 나라인 고조선을 설명할 때 『삼국유사』에 실린 단군 신화를 학습 자료로 제시하고 있습니다. 『삼국유사』는 단군 신화가 기록된 가장 오래된 역사책입니다. 그런데 이름은 단군 신화지만 이 이야기의 주인공은 사실 환웅이죠. 환웅의 아버지 환인(하늘신)과 환웅의 아들 단군왕검은 이야기의 처음과 마지막에 나올 뿐이니까요. 이제 가상 드라마 〈환웅〉의 장면을 함께 봅시다.

> 환웅: 나는 환인의 아들로 하늘에서 내려왔다. 이제 널리 인간 세상을 이롭게 할 법을 만들었으니 모두 따르라! 또한 풍백, 우사, 운사는 농경문화를 백성들에게 가르치도록 하라!
> 풍백, 우사, 운사: 예, 분부 받들겠사옵니다. 바람, 비, 구름을 잘 관리하고 농사가 풍년이 될 수 있게 백성들을 가르치겠사옵니다.

드라마 〈태왕사신기〉에서도 환웅은 환인, 즉 하늘신의 아들입니다. 이를 천손 사상이라고 해요. 청동기 문명을 가진 부족은 자신들이 '천손(하늘의 후손)'이라는 우월 의식이 있었죠. 이 드라마에서 묘사하는 환웅의 모습 역시 '인간의 모습을 한 신'입니다. 환웅을 대표로 하는 부족은 청동으로 만든 칼과 거울 등 각종 청동기를 앞세우며 이 땅에 도착했습니다. 그리고 환웅은 '널리 세상을 이롭게 할 법', 즉 '홍익인간(弘益人間)'의 뜻을 밝혔습니다. '홍익인간'은 청동기 시대에 새롭게 나타난 사회 질서를 의미하는 말이에요. 즉 사유재산, 빈부격차, 신분, 법률, 형벌 등이죠. 또한 환웅은 '풍백, 우사, 운사'라 일컫는 신하들을 데리고 와 드넓은 땅에 곡식이 넘쳐나는 농경 사회를 건설했음을 알 수 있습니다. 풍백은 바람, 우사는 비, 운사는 구름, 즉 날씨를 상징하는 거예요. 농사지을 때 가장 중요한 것이 날씨인데, 비가 너무 안 오면 가뭄으로 농작물이 다 죽어버리고, 비가 너무 많이 오거나 태풍이 불면 곡식이 다 떨어져 버리잖아요? 다시 말해 풍백, 우사, 운사는 청동기 시대에 농경이 본격적으로 이루어져 바람, 비, 구름 등을 수호신으로 숭배하는 농경 사회가 되었음을 보여 주는 거랍니다. 비록 신석기 시대에 농경이 시작되었지만 식량의 대부분은 사냥과 물고기 잡이로 얻었죠. 청동기 시대에 들어서야 농경이 본격적으로 이루어져 바람, 비, 구름 등을 수호신으로 숭배하는 농경 사회가 되었습니다. 다시 가상 드라마 〈환웅〉의 다음 장면을 봅시다.

웅녀와 호녀: 환웅님, 저희 웅족과 호족을 환웅님의 부족으로 받아 주세요.

환웅: 너희들을 우리 부족으로 받아 주려면 새로운 사회 질서와 법률을 지켜야 한다. 따를 수 있겠느냐?

웅녀와 호녀: 예, 따르겠습니다.

(웅족은 환웅 부족으로부터 청동기 문명과 농경 등을 배우며 잘 지낸다. 그러나 호족은 환웅 부족이 강요하는 법률과 사회 질서에 저항하며 싸우는 일이 많아진다.)

호녀: 우리 호족들은 환웅 부족과 더 이상 함께 살 수 없다. 이 땅을 떠나자.

환웅: (호족들이 도망갔다는 이야기를 듣고 서둘러 웅녀를 찾아온다.) 웅녀, 나와 결혼해 주시오.

웅녀: 예, 좋습니다. 우리 웅족과 환웅 부족은 이제 하나가 될 것입니다.

내레이션: 환웅과 웅녀 사이에 아기가 태어나 자라서 '조선'이란 나라를 세우고, '아사달'에 도읍을 정했다. 바로 '단군왕검'이다. 단군왕검은 1,908살까지 살았다고 한다.

이것은 단군 신화를 역사적으로 해석한 장면입니다. 그렇다면 실제 단군 신화의 곰과 호랑이의 이야기를 살펴봅시다. 곰과 호랑이가 환웅에게 찾아와 인간이 되기를 청하고, 환웅은 동굴 속에서 마늘과 쑥만 먹으며 100일을 견디면 인간이 될 수 있다는 방법을 알려 주었죠. 그런데 호랑이는 도망치고, 참고 견딘 곰이 웅녀가 되었어요. 웅녀는 환웅과 결혼을 하여 '단군왕검'을 낳았는데, 이 '단군왕검'이 세운 나라가 고조선입니다. 이는 토테미즘(곰이나 호랑이 등 동물을 숭배하는 신앙), 즉 곰을 숭배하는 부족과 호랑이를 숭배하는 부족이 이 땅의 원주민으로 살고 있었음을 말해 주는 이야기입니다. 드라마 〈태왕사신기〉에서도 하늘에서 내려온 환웅은 청동기 문명과 농경문화를 가진 환웅 부족이 한반도로 이동해 왔음을 보여 줍니다. 또한 웅녀로 상징되는 곰을 숭배하는 부족과 결합하여 고조선이 건국되었음을 알 수 있죠. 반대로 환웅과 웅녀의 사랑을 질투한 호녀로 상징되는 호랑이를 숭배하는 부족은 우리 민족의 형성 과정에서 떨어져 나갔음을 알 수 있답니다.

　'단군왕검'의 말뜻이 무엇인지 알아봅시다. '단군'은 '제사장(무당)'을 뜻하며, '왕검'은 '임금'의 뜻과 발음을 한자로 표현한 말이죠. 즉 '단군왕검'은 '제정일치(종교적 지배자와 정치적 지배자가 같은 정치 체제)의 지배자'였음을 보여 주는 칭호입니다. 단군 신화에 따르면 단군은 1,908살까지 살았다고 합니다. 이는 단군이 한 사람이 아니었음을 나타내는데, 한 사람이 1,908살을 살 수는 없으니까요. 다시 말해 단군은 사람의 이름이 아닌 왕의 칭호였으며, 단군은 한 사람이 아니라 수십 명이었답니다.

드라마 〈주몽〉

작가: 정형수, 최완규 **연출**: 김근홍, 이주환 **방송 연도**: 2006년~2007년 MBC 방송

줄거리: 고조선의 멸망과 한나라의 지배에 저항한 고조선 유민들을 이끈 지도자가 해모수였으며, 그 아들이 바로 주몽이었다는 가정에서 출발한 드라마입니다. 해모수를 고조선의 옛 땅을 되찾기 위해 한나라에 맞서 싸우는 고조선 유민들로 조직된 저항군의 지도자로 각색하고, 주몽이 한나라와 끈질기게 투쟁하면서 고구려를 건국하는 과정을 그렸습니다.

〈주몽〉으로 배우는 고조선의 멸망과 고구려의 건국

위만: (고조선 사람들과 같은 머리 모양과 옷차림을 하고 있다.) 중국은 지금 전쟁으로 너무 혼란스러워 살기가 어렵습니다. 저희를 받아 주십시오.

준왕: 알았다. 일단 변방 지역을 수비하는 역할을 줄 것이니 잘 살도록 하여라.

(그러나 위만은 자신의 세력을 키운 후, 준왕을 몰아내고 왕위에 오른다.)

위만: 중국에서 건너와 왕이 되었지만 나는 이미 조선 사람이다. 나라 이름도 그대로 조선이라 할 것이며, 고위 관리들도 모두 조선 사람을 임명할 것이다.

이 장면은 가상 드라마 〈위만〉에서 위만이 고조선의 왕이 되는 과정을 극화한 것입니다. 중국 최초의 통일 왕조였던 진나라는 기원전 206년 멸망했습니다. 중국의 지배권을 놓고 초나라의 항우와 한나라의 유방이 약 5년 동안 싸움을 벌여 결국 한나라가 승리했는데, 이를 진·한 교체기라고 합니다. 진나라가 한나라로 바뀌는 시기였다는 뜻이죠. 이때 혼란을 피해 많은 중국인들이 고조선으로 넘어왔어요. 이 중에 위만이란 사람이 있었는데, 위만이 점차 세력을 키워 고조선의 준왕을 몰아내고 새로운 왕이 되었습니다. 즉 위만이란 중국인이 고조선의 왕이 되었던 거죠.

그런데 위만은 정말 중국인이었을까요? 이 질문에 대답을 해 줄 수 있는 증거들이 있습니다.

첫째, 위만이 고조선에 들어올 때의 머리 모양이 상투를 틀었고, 옷차림이 고조선 사람들과 같았다는 거예요. 지금도 세계의 여러 나라 사람들을 구별할 수 있는 가장 중요한 특징이 옷 모양과 머리 모양이죠. 즉 위만이 고조선 사람들과 같은 머리 모양과 옷차림을 했다는 것으로 볼 때, 위만은 원래 고조선 출신이었을 가능성이 높습니다. 고조선 사람이었던 위만이 중국에 살다가 원래 고향으로 돌아온 경우라고 할 수 있죠.

둘째, 위만은 나라 이름을 그대로 '조선'(고조선이 있었던 당시에는 조선이 나라 이름이었죠. 『삼국유사』를 쓴 일연은 위만 조선과 구별하기 위해 옛 조선이라는 뜻으로 고조선이라 썼습니다)이라 했고, 고위 관리들도 대부분 토착민 출신이었죠. 위만이 진짜 중국인이었다면 나라 이름도 중국식으로 바꾸고, 고위 관리들도 중국인이 많았을 거예요. 그러나 위만은 '조선'의 왕이었고, '조선인'들을 고위 관리로 임명했어요. 즉 위만 조선은 단군 조선을 계승한 또 다른 고조선이었음을 알 수 있습니다.

고구려 건국 신화 속의 해모수는 '천제의 아들'이지만 드라마 〈주몽〉

속의 해모수는 한나라와 투쟁하는 '저항군 지도자'입니다. 고구려가 한 군현에 항쟁하면서 성장한 이유를 주몽의 몸에 고조선 저항군의 피가 흐르고 있는 것으로 묘사한 것이죠. 고조선 유민들의 지도자 해모수가 한나라에 저항하는 내용의 가상 드라마 〈해모수〉의 장면을 봅시다.

> 해모수: 우리 조선은 기원전 108년 한나라에 의해 멸망당했다. 1년이 넘게 잘 싸웠지만 매국노들의 배신으로 결국 나라를 빼앗기고 말았다. 이 후에 한나라는 우리의 영토에 낙랑, 진번, 임둔, 현토군을 설치했다.
> 저항군들: 한나라 놈들은 온갖 법률을 만들어 우리 유민들을 탄압하고 있 습니다.
> 해모수: 그렇다. 우리 유민들을 괴롭히는 저 한나라 놈들을 몰아내고 우리 조선을 되찾는 날까지 끝까지 싸우자!

고조선은 한나라 군대와 맞서 1년여 동안 저항했지만 기원전 108년 한나라에 의해 멸망당합니다. 그 후에 한나라는 고조선의 영토에 낙랑, 진번, 임둔, 현토군, 즉 4개의 한군현을 설치합니다. 그런데 한군현의 지 배가 폭압적이었다는 증거는 무엇일까요? 맞습니다. 법률의 증가입니다. 원래 고조선의 법률은 8조법이라 하여 8개밖에 없었죠. 그나마 현재 전 해지는 조항은 3개입니다. 먼저 『한서』의 다음 내용을 봅시다.

> 대개 사람을 죽인 자는 즉시 죽이고, 남에게 상처를 입힌 자는 곡식으로 갚는다. 도둑질을 한 자는 노비로 삼는다. 용서를 받고자 하는 자는 한 사람마다 50만 전을 내게 한다.

이를 보면 살인죄에 대해 사형으로 처벌함을 알 수 있습니다. 생명을 소중히 생각해야 함을 강조한 법률이죠. 상해죄에 대해서는 곡식, 즉 사유재산으로 갚으라는 것인데, 다쳐서 노동을 못하게 된 손실을 노동의 대가인 곡식으로 갚으라는 뜻이죠. 노동력을 존중했음을 알 수 있습니다. 또한 절도죄에 대해서는 노비로 만드는 처벌을 했는데, 이 역시 사유재산을 보호하기 위한 목적과 함께 고조선이 노비 등 계급이 있는 신분 사회였음을 보여 주는 법 조항입니다. 그러나 한군현의 지배 이후에 법률은 60여 개로 증가했습니다. 이렇게 법률이 많아졌다는 것은 한군현의 지배에 저항하는 사람들이 많았음을 의미합니다.

고조선이 멸망할 무렵 만주 쑹화강 유역에는 부여가 나타났습니다. 부여는 고구려와 백제의 뿌리가 되는 나라입니다. 부여에서 고구려가 나오고, 고구려에서 백제가 나왔죠. 고구려와 백제의 건국 신화를 살펴보면 부여, 고구려, 백제는 미니 시리즈 드라마의 시즌 1, 2, 3와 같아요. 먼저 부여가 연맹왕국이었으며, 왕권이 약했음을 보여 주는 가상 드라마 〈부여〉의 한 장면을 봅시다.

(4출도의 마가, 우가, 구가, 저가가 모여 회의를 하고 있다.)

마가: 올해 가뭄과 홍수가 연이어 일어나 흉년이 들었어요.

우가: 이 모두가 국왕 때문입니다.

구가: 국왕이 하늘의 순리를 거역하니 천재지변이 일어난 것입니다.

저가: 빨리 국왕을 바꾸거나 죽여야 합니다.

부여는 다섯 부족이 연맹하여 만든 연맹왕국이었습니다. 왕이 다스리는 부족과 4출도가 다스리는 부족들을 합하여 5부족을 이루었죠. 4출도를 마가, 우가, 구가, 저가라고 하는데, 말, 소, 개, 돼지를 뜻하는 이름이에요. 이는 부여가 목축으로 먹고살았던 나라였음을 보여 주죠. 지금도 명절 때 친척들이 모여 윷놀이를 하곤 하죠? 윷놀이는 부여에서 시작된 놀이라고 합니다. 도는 돼지, 즉 저가, 개는 개, 즉 구가, 윷은 소, 즉 우가, 모는 말, 즉 마가와 일치하죠. 그런데 걸은 왜 없을까요? 걸은 양을 뜻한다고 합니다. 부여는 농경도 했으므로 반농반목(반은 농경, 반은 목축) 사회였습니다.

이 가상 드라마에서 묘사하는 바와 같이 4출도는 각각의 군장 세력이 독립적인 세력을 갖고 있었기 때문에 왕권은 매우 약했어요. 가뭄, 홍수로 흉년이 들어 농사를 망친 경우에 그 책임을 왕에게 돌려 왕을 바꾸거나 죽여야 한다고 말할 정도였죠. 부여와 같은 연맹왕국들은 비록 왕이 있었지만 그 왕권은 매우 약했음을 보여 줍니다. 드라마 〈주몽〉에서도 4출도가 왕의 명령을 거부하고 심지어는 왕을 쫓아내는 장면이 묘사되었죠.

부여의 풍속으로는 순장, 영고, 점치기 등이 있습니다. 부여의 왕권은 약했지만 그래도 왕이 죽으면 죽은 후의 세상에서 부릴 수 있는 하인들을 죽여 함께 무덤에 묻었는데, 이를 순장이라고 합니다. 매년 12월에는 영고라고 하는 제천행사를 열어 하늘에 제사를 지내고, 여러 날을 춤추고 놀았습니다. 또 전쟁이 일어나면 하늘에 제사를 지내고, 소를 죽여 그 굽으로 점을 쳐 전쟁의 결과를 예측했다고 합니다.

고구려의 건국 신화에 따르면 주몽의 어머니는 유화부인입니다. 유화부인은 천제(하늘신)의 아들이라는 해모수와 만나 사랑을 하게 되어 주몽을 임신했습니다. 이 사실을 알게 된 하백(유화부인의 아버지)은 유화부인을 쫓아냈는데, 부여 금와왕이 유화부인을 후궁으로 삼게 되고, 얼마 후 유화부인은 출산을 했는데 신기하게도 알을 낳았습니다. 그 알에서 태어난 아이가 바로 주몽이에요. 이와 같이 주몽은 금와왕의 아들이었지만 친아들이 아니랍니다. 〈주몽〉에서 거의 매회 묘사된 것처럼 주몽은 의부형제인 다른 왕자들에 의해 죽을 위기도 여러 번 당합니다. 결국 주몽은 부여를 떠나 새로운 나라를 세울 결심을 하죠. 대소 등 다른 형제들에게 죽임을 당할 위기에 처한 주몽은 탈출을 했는데, '엄호수'라는 강을 만나 길이 막혀 버렸어요. 그때 물고기와 자라가 다리를 만들어 주는 기적이 일어났어요. 덕분에 주몽은 강을 건너고, 주몽을 쫓아온 추격군은 이미 물고기와 자라가 흩어져 버려 다리가 없어졌기 때문에 강을 건너지 못했죠.

이 이야기는 주몽이 하늘의 자손이라는 것을 강조하기 위한 과장일 뿐이랍니다. 〈주몽〉에서 묘사한 것과 같이 배를 이용하여 주몽 세력이 탈출한 사실을 하늘이 도와 물고기와 자라가 다리를 만들어 주는 기적이 일어난 것처럼 과장한 거예요.

고구려도 부여에서 갈라져 나온 나라였기 때문에 초기에는 5부족 연맹으로 이루어진 연맹왕국이었어요. 부족장들을 제가라고 하는데, 제가들이 모여서 열었던 제가회의에서는 중대한 범죄자를 사형에 처하는 등 중요한 결정을 했죠. 2세기 후반 고국천왕 때 계루부, 절노부, 관노부, 소노부, 순노부의 부족적 전통의 5부는 동부, 서부, 남부, 북부, 중부의 행정적 성격의 5부로 개편되었습니다.

고구려의 풍습 중에 '서옥제'가 있었어요. 우리말로는 '사위집 제도'라고 하죠. 고구려는 남자와 여자가 결혼한 직후에 처갓집 뒤에 작은 '사위집'을 짓고 살면서 아이를 낳고 어느 정도 자라면 남자 집으로 돌아가 살았어요. 이렇게 사위가 처갓집에 가서 사는 걸 '데릴사위'라고 합니다. 우

리나라에 조선 중기까지 처가살이하는 데릴사위들이 많았는데, 이것이
고구려 때부터 내려오는 우리 민족의 전통적인 결혼 풍습이었다는 주장
도 있답니다.

드라마 〈김수로〉

작가: 한대희 **연출**: 노종찬, 장수봉 **방송 연도**: 2010년 MBC 방송

줄거리: 이 드라마에서 김수로는 점점 가야 백성들의 마음을 얻고 있는 떠오르는 영웅입니다. 이러한 김수로에 대한 백성들의 마음을 '구지가'라는 노래로 표현하고, 김수로에게 가야의 왕이 되어 달라는 민심이 노래와 함께 전달되는 장면이 재미있게 표현되었습니다.

〈김수로〉로 배우는 소도의 성격과 가야의 건국

옥저에는 '민며느리제'라는 결혼 풍습이 있었습니다. '민며느리'는 '아들과 결혼시키기 위해 시집에서 키우는 여자아이'를 말합니다. 즉 옥저에서는 어린 딸을 결혼할 남자 집에 보내고, 딸이 결혼할 나이가 되면 다시 친정에 돌아왔다가 결혼식을 치르고서 남자 집으로 가서 살았죠. 또한 옥저에는 '가족 공동 무덤'이 있었는데, 가족이 죽으면 땅을 약간만 파서 그 시신을 묻어 놓아 금방 부패하도록 만들었습니다. 그러고 나서 뼈만 남으면 집으로 가져와 커다란 나무 상자에 보관했는데, 이는 가족들의 뼈를 한 상자에 보관하는 가족 공동 무덤이었죠.

동예에는 '책화'라는 제도가 있었습니다. 만약 다른 씨족의 영역을 침범하면 소, 말, 노비 등으로 갚아 주었어요. 다른 씨족과의 갈등을 예방

하려고 신석기 시대부터 있었던 제도입니다. 동예에서는 족외혼을 꼭 지켰습니다. 족외혼은 결혼을 다른 씨족과 하는 신석기 시대의 풍습입니다. 즉 책화, 족외혼 모두 신석기 시대의 전통이 남아 있는 풍습이었어요.

한반도의 중남부 지역에는 마한, 진한, 변한의 삼한이 발전하고 있었습니다. 각각의 소국을 지배하는 신지, 읍차 등의 정치적 군장 이외에 제사장의 역할을 하는 '천군'이 있었죠. 천군이 다스리는 신성구역을 '소도'라고 합니다. 소도에는 범죄자가 들어가도 잡을 수 없었어요. 죄를 지은 사람을 잡기 위해서일지라도 소도에는 함부로 들어갈 수 없었죠. 이를 보여 주는 장면을 가상 드라마 〈천군〉에서 봅시다.

> 천군: 이곳은 내가 다스리는 소도다. 살인을 저지른 죄인이 소도에 숨었다고 하더라도 죄인을 잡으러 들어올 수 없다는 것을 정녕 모르느냐?
> 읍차: 죄송합니다. 죄인이 소도로 숨었다는 이야기를 듣고 쫓아오다가 실수로 군사를 소도에 들였사옵니다.

소도를 다스리는 천군은 제사장 역할을 했습니다. 드라마 〈김수로〉에서도 천군은 군장인 읍차가 죄인을 잡겠다고 소도에 군사를 끌고 들어오자, 이를 꾸짖으며 살인자를 잡기 위한 목적이라 하더라도 소도에는 함부로 들어올 수 없다는 점을 강조했습니다. 읍차는 정치적 군장을 뜻하는 인물입니다. 즉 삼한 시대는 제사장 천군과 정치적 군장 신지, 읍차 등이 분리된 제정분리 사회였음을 보여 줍니다. 이와 반대로 고조선의 단군왕검은 제사장과 정치적 군장이 일치한 제정일치의 지배자였음을 기억해야 합니다.

가야 병사 모형

　가야연맹의 중심이었던 금관가야를 세운 김수로왕의 탄생 설화에는
'구지가'라는 노래가 나옵니다. '구지가'의 내용은 다음과 같습니다.

　龜何龜何(귀하귀하, 거북아 거북아)
　首其現也(수기현야, 머리를 내놓아라)
　若不現也(약불현야, 내놓지 않으면)
　燔灼而喫也(번작이끽야, 구워서 먹으리)

　'구지가'는 '영신군가'라고도 합니다. '임금을 맞이하는 노래'라는 뜻이
죠. 당시 가야 사람들의 임금 탄생을 염원하는 마음을 담은 노래입니다.
드라마에서 김수로는 왕이 되면서 변한 땅을 6가야로 분할하여 다스리
겠다고 합니다. 그런데 변한 땅은 하나의 나라도 아니었고, 김수로가 가
야연맹 전체를 지배한 적도 없습니다. 가야연맹은 말 그대로 연맹왕국이
었습니다. 금관가야 중심의 전기 가야연맹이 대가야 중심의 후기 가야연

김수로왕릉: 경남 김해 소재. 입구 문 위에 그려져 있는 물고기 두 마리는 인도 아요디아 지방의 쌍어문과 일치합니다. 김수로왕의 부인 허황옥이 인도 아유타국 출신임을 나타내는 증거입니다.

맹으로 바뀌었을 뿐 가야는 한 번도 통일을 이루거나 중앙 집권 국가가 된 적이 없습니다. 한마디로 고대 국가로 발전하지 못한 것이죠.

또한 김수로왕과 결혼한 허황옥은 인도 아유타국의 공주라고 전해집니다. 이 드라마에서는 김수로가 왕이 되기 전 허황옥과 만나 이미 사랑하는 사이가 된 것으로 나오죠. 허황옥은 김수로 옆에서 왕이 될 수 있도록 많은 도움을 준 여인이에요. 그러나 아무리 드라마라 할지라도 전설을 무시할 수는 없으므로, 허황옥이 결혼 전 인도 아유타국으로 돌아가 오빠 장유화상과 함께 배를 타고 김해 앞바다에 도착하는 장면이 나옵니다. 여기서 나오는 돌탑이 파사석탑입니다. 현재 수로왕비릉(허황옥의 무덤) 입구 옆에 보존되어 있는 돌탑입니다. 다음은 가상 드라마 〈파사석탑의 비밀〉의 한 장면입니다.

동자승: 호계사에 있는 파사석탑을 아유타국 공주였던 허황옥이 가야 김
      수로왕에게 시집올 때 가져왔다고 들었습니다.

일연: 그렇다. 돌에 미세한 붉은 반점이 있고 그 질은 무르니 우리나라에서
     나는 돌이 아니다. 『본초(本草)』에서 '파사석탑에 닭벼슬의 피를 찍
     어 검사했다'는 것으로 볼 때 파사석탑은 아유타국에서 가져온 것이
     맞을 것이다.

파사석탑은 지금은 없어진 '호계사'란 절에서 보관되었다가 1873년 현
재 위치로 옮겼습니다. 『삼국유사』에는 파사석탑의 돌이 우리나라에 없
는 돌이며, 이를 확인하기 위한 방법으로 "닭벼슬의 피를 돌에 떨어뜨리
는 실험을 했다"는 『본초』의 내용이 적혀 있습니다. 파사석탑은 '파사석'
이라는 돌로 만들어졌는데, 이는 우리나라에서 발견되지 않는 돌이며,
닭벼슬 피를 묻히면 응고되지 않고 물처럼 흘러내린다고 합니다. 즉 파사
석탑은 허황옥이 우리나라가 아닌 외국에서 온 여인이었음을 보여 주는
증거인 셈이죠. 그런데 김수로와 허황옥의 결혼에는 현재 후손들에게까
지 영향을 주는 재미있는 이야기
가 있습니다.

파사석탑: 경남 김해 허황옥릉 앞 소재

지금도 김해 김씨와 김해 허씨
는 결혼하지 않는 풍습이 있습니
다. 그것은 김수로와 허황옥의 아
들들 중 둘째와 셋째가 어머니의
성 허씨를 따라 김해 허씨가 되었
기 때문이죠. 즉 김해 허씨 역시
김수로의 후손이고, 성만 허씨이

므로 사실상 김해 김씨로 보아야 한다는 생각입니다. 실제로 김수로와 허황옥은 아이들을 많이 낳았습니다. 아들 10명과 딸 2명을 두었는데, 첫째 아들은 김수로왕의 뒤를 이어 2대 거등왕이 되었고, 둘째와 셋째 아들이 김해 허씨가 되었어요. 나머지 일곱 명의 아들들은 외삼촌(허황옥의 오빠)인 장유화상을 따라 스님이 되었다고 합니다.

고령 지산동 고분군: 대가야의 왕들이 묻힌 무덤들입니다.

3. 삼국과 가야의 발전

드라마 〈천년지애〉

작가: 김기호, 이선미 **연출**: 이관희 **방송 연도**: 2003년 SBS 방송

줄거리: 백제 의자왕의 공주인 '부여주'라는 가상의 인물을 주인공으로 한 드라마입니다. 백제가 멸망할 때 부여주가 낙화암에서 떨어지면서 타임슬립으로 현대에 나타나 벌어지는 이야기를 재미있게 묘사했죠.

〈주몽〉과 〈천년지애〉로 배우는 **삼국의 발전 과정**

앞에서 살펴본 것처럼 부여를 탈출한 주몽 세력은 압록강 유역의 졸본으로 이동하여 그 지역의 토착 세력과 힘을 합해 고구려를 세웠습니다. 토착 세력의 대표는 소서노였습니다. 드라마 〈주몽〉에서는 소서노와 주몽이 먼저 사랑하는 사이였지요. 그런데 주몽이 전쟁터에서 죽었다는 소식을 들은 소서노가 우태와 결혼하여 두 아들 비류와 온조를 낳는데, 그 후 우태가 죽어 소서노는 과부가 되었죠. 죽은 줄 알았던 주몽이 부여를 탈출하여 졸본으로 오자 소서노와 결혼하여 고구려를 세웁니다. 시간이 흘러 주몽이 부여에서 낳은 친아들 유리가 고구려로 찾아옵니다.

주몽과 소서노의 동맹은 유리의 등장으로 깨져 버렸습니다. 유리는 주몽의 친아들이지만 비류와 온조는 친아들이 아니었습니다. 이것이 이야기의 핵심이죠. 고구려는 주몽의 세력과 소서노의 세력이 힘을 합쳐 세

운 나라인데, 주몽의 왕권 강화 과정에서 부여에서 새롭게 들어온 유리 세력으로 인해 힘의 균형이 주몽으로 쏠리자 권력투쟁에서 패한 소서노 세력은 고구려를 떠나 남쪽으로 이동하게 됩니다. 그들은 새로운 나라를 세울 장소인 한강에 도착하지요. 이 장면을 가상 드라마 〈온조〉에서 살펴봅시다.

주몽: 나의 왕위는 유리가 계승할 것이오.

소서노: 그렇다면 나는 비류, 온조와 함께 고구려를 떠나겠습니다.

　　　(소서노 세력은 고구려를 떠나 지금의 한강 유역에 도착해 새로운 나라를 세운다.)

비류: 나는 서쪽 바다 끝에 미추홀(현재 인천)로 가서 나라를 세울 것이다.

온조: 형님, 알겠습니다. 저는 한강 유역을 중심으로 나라를 세우겠습니다.

석촌동 고분군 제2호분

　형 비류는 현재의 인천에 나라를 세웠지만 오래가지 못했던 것으로 보입니다. 동생 온조가 한강 유역에 세운 백제가 고대 국가로 발전했던 것이죠. 백제의 지배층이 부여, 고구려 출신이라는 점은 건국 신화뿐만 아니라 고고학적으로도 그 증거를 확인할 수 있습니다. 고구려 초기의 무덤 양식인 돌무지무덤과 백제 초기의 무덤 양식인 석촌동 돌무지무덤은 두 나라의 지배층이 같은 계통이었음을 보여 주는 증거입니다. 백제 왕족의 성씨가 부여씨라는 점도 백제가 부여 계통이었음을 알려 줍니다.

드라마 〈천년지애〉에서 부여주는 자신을 '남부여의 공주 부여주'라고 말합니다. 왜 백제가 아니라 남부여라고 하는 걸까요? 백제는 성왕 때 국호를 남부여로 바꾸었습니다. 그러니까 백제가 멸망할 때 국호는 남부여였던 것이죠. 또한 백제 왕족의 성씨는 부여씨입니다. 백제는 자신들의 뿌리를 부여라고 생각했으므로 성씨도 부여씨로 했고, 국호도 남쪽의 부여라는 뜻으로 남부여라 바꾼 것입니다. 백제의 마지막 수도 사비성이 현재 부여(충남 부여)로 불리는 이유도 같은 맥락입니다.

드라마 〈천년지애〉 배경 유적

낙화암

능산리 고분군

부소산성

정림사지 5층 석탑

1. 낙화암에서 부여주 공주가 떨어지며 현대로 타임슬립하는 장면
2. 정림사지 5층 석탑에서 백제를 멸망시킨 김춘추와 소정방을 욕하는 장면
3. 능산리 고분군에서 부여주 공주가 백제의 멸망을 슬퍼하는 장면

광개토대왕 동상

신라는 경주 지역을 중심으로 박혁거세가 건국한 사로국에서 시작되었습니다. 이후 석탈해, 김알지 등 외부 세력들이 연이어 들어와 박, 석, 김의 세 성씨가 교대로 왕위를 차지하는 시대가 몇백 년 동안 계속됩니다. 4세기 후반 내물왕 때부터 김씨의 왕위 세습이 시작됩니다. 그런데 이러한 신라의 변화는 사실 고구려와 관련이 있습니다. 먼저 가상 드라마 〈호우명 그릇의 비밀〉의 한 장면을 봅시다.

신라 사신: 왜인들이 신라로 쳐들어와 남거성에서부터 신라성에 걸쳐 왜인들이 가득하옵니다. 신라 임금께서 급히 대왕께 구원을 요청하오니 부디 도와주십시오.
광개토대왕: 신라 임금의 충성심을 잘 알겠도다. 곧 군대를 보내 너희를 구원할 것이니 조금만 기다려라. 보병, 기병 합해서 5만을 보낼 것이다. 신라에 쳐들어온 왜인들은 가야가 끌어들였다고 한다. 왜인들만 몰

아낼 것이 아니라 가야까지 정벌하고 돌아오라!

(가야까지 정벌한 고구려 군은 일부가 남아 신라 경주에 주둔했다.)

친고구려 신라 귀족: 저는 신라인이지만 고구려를 위해 충성하겠습니다.

고구려 주둔군 대장: 그대의 충성심을 치하하기 위해 몇 해 전 돌아가신 광개

토대왕님의 칭호가 새겨진 호우명 그릇을 선물로 드리겠소.

친고구려 신라 귀족: 이렇게 귀한 물건을 주시다니 감사합니다. 제 무덤까지

가져가겠습니다.

이 장면은 광개토대왕릉비에 기록된 내용과 호우명 그릇을 바탕으로
묘사한 것입니다. 이 사건이 일어난 시기는 399~400년입니다. 신라는
내물왕, 고구려는 광개토대왕 때입니다. 신라에 쳐들어온 왜적들은 가야
군과 함께 신라를 공격했습니다. 신라의 구원 요청을 받은 광개토대왕은
5만 군대를 보내 신라에서 왜적을 몰아냈을 뿐 아니라 그 배후 세력인
가야까지 박살 냈습니다. 이후 전기 가야연맹의 중심이었던 금관가야는
쇠퇴하고, 대가야 중심의 후기 가야연맹이 발전하기 시작했죠.

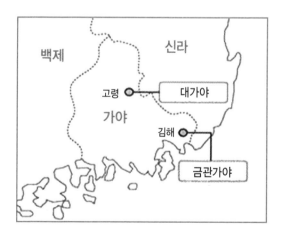

이렇게 신라를 구원한 고구려 군대는 한동안 신라에 주둔한 것으로 보입니다. 경주 호우총에서 발견된 호우명 그릇이 그 증거입니다. 호우명 그릇의 밑바닥에는 '광개토대왕'이라는 명문이 새겨져 있는데, 호우총의 주인공은 고구려와 깊은 관련이 있는 인물로 추정됩니다. 신라의 서울이었던 경주에서 다른 나라인 고구려 광개토대왕의 칭호가 새겨진 그릇이 발견되었다는 것은 무덤의 주인이 고구려 사람이거나 고구려와 친한 신라 사람이었을 가능성이 크다고 할 수 있죠. 또 내물왕 때부터 김씨의 왕위 세습이 시작된 것은 우연이 아닙니다. 즉 내물왕 이후 한동안 신라는 고구려의 영향력 아래에서 고대 국가로 발전하는 기틀을 마련했던 것이죠.

광개토대왕릉비 모형

드라마 〈근초고왕〉

작가: 정성희, 유숭렬 **연출:** 윤창범, 김영조 **방송 연도:** 2010년~2011년 KBS1 방송

줄거리: 이문열의 소설 『대륙의 한』을 원작으로 백제 근초고왕의 일대기를 그린 드라마입니다. 현재 남아 있는 칠지도는 일본 덴리에 있는 이소노카미 신궁에 보관되어 있습니다. 칠지도에 새겨진 명문을 해석하면, 백제 근초고왕 때 칠지도를 만들어 일본 왕에게 하사했음을 알 수 있죠. 드라마 〈근초고왕〉에서는 칠지도의 가운데 줄기가 백제를 상징하며, 6개의 줄기가 고구려, 삼한, 가야, 요서, 말갈, 왜 등을 상징한다고 설명합니다. 또한 백제 무령왕 때 22담로라는 지방 제도가 만들어졌는데, 이 드라마에서는 근초고왕 때 역시 담로, 즉 제후국들에게 칠지도를 만들어 하사했다고 상상하여 표현한 것입니다.

<근초고왕>과 <태왕사신기>로 배우는 **고구려와 백제의 전성기**

광개토대왕은 이름 그대로 '영토(土)를 넓게(廣) 개척(開)한 왕'입니다. 우리나라 왕들 중에서 가장 넓은 영토를 차지했던 왕이었어요. 북쪽으로는 만주 지방에서 남쪽으로는 한강 유역까지 차지했을 뿐만 아니라 가야까지 큰 타격을 줄 정도로 고구려의 군대는 한반도와 만주를 휩쓸었습니다. 그런데 광개토대왕은 왜 삼국 통일을 하지 않았을까요? 그 이유는 광개토대왕릉비를 보면 알 수 있습니다. 먼저 다음 기록을 봅시다.

추모왕께서는 북부여에서 나오셨으며 천제의 아들이시고 어머니는 하백의 따님이시다.

위 기록은 광개토대왕릉비에 쓰여 있는 추모왕, 즉 주몽에 대한 것으로 주몽이 천제의 아들, 즉 천자(天子)라는 뜻이죠. 천자는 중국의 황제를 뜻하는 말이기도 합니다. 고구려의 왕호였던 '태왕(太王)' 역시 '왕 중의 왕', 즉 황제와 같은 말이죠. 이렇게 고구려는 고구려가 중심이라는 독자적 천하관을 지녔습니다. 다시 말해 중국이 주변 국가들과 조공, 책봉 관계를 맺어 중국 중심의 독자적 천하관을 가진 것처럼 고구려 역시 신라, 백제를 속국으로 생각하는 고구려 중심의 독자적 천하관이 있었던 거예요.

고구려는 신라, 백제를 충분히 제압했다고 생각했기 때문에 사실상 한 나라로 만들 필요성이 없었던 것입니다. 오히려 고구려의 관심은 중국과의 경쟁에 있었어요. 이러한 경향은 고구려 이후 만주를 차지한 나라들의 공통적인 특징이죠. 먼저 발해가 당나라의 산둥반도를 공격한 경우는 있었지만, 통일 신라와는 전쟁을 한 적이 없었어요. 거란족이 세운 요나라는 송나라를 제압하기 위한 목적으로 고려를 세 차례 침략했을 뿐이지 고려 자체가 목적은 아니었죠. 금나라 역시 요나라를 멸망시키고 송나라를 남쪽으로 쫓아내 중국의 화북 지방을 차지했지만 고려를 침략한 경우는 없었습니다. 청나라 역시 중국 전체를 차지했지만 조선은 두 차례 침략하고서 항복만 받고 돌아갔어요. 한마디로 만주를 차지한 국가들은 덩치 큰 중국을 정복하려는 생각은 있었지만, 한반도를 만주에 통합시키려는 생각은 없었던 것이죠.

만약 고구려가 삼국을 통일했다면 어떻게 되었을까요? 이 역시 고구려 이후 만주에 있던 국가들의 운명을 보면 짐작을 할 수 있습니다. 발해, 요나라, 금나라, 청나라 모두 그리 오래가지는 못했어요. 가장 오래간 청나라도 300년이 안 되어 망했습니다. 고구려 역시 당나라와 싸워 이겨 중국 일부나 전체를 차지했을 수도 있지만, 그리 오래가지는 못했을 가능성이 크죠. 역사에 가정이란 없기 때문에 아무 의미 없는 생각이긴 하지만 고구려가 삼국을 통일하지 못한 것을 크게 아쉬워할 필요는 없습니다.

드라마 〈태왕사신기〉에서는 광개토대왕이 서백제(백제의 요서 지방 영토) 공격을 계획하는 장면이 나옵니다. 드라마 〈근초고왕〉에서도 근초고왕이 중국 요서 지방에 건너가 백제의 영토를 확보하는 장면이 묘사되었습니다. 현재 한국사 교과서에도 서술된 것처럼 백제는 근초고왕 때 중국의 요서, 산둥 지방 등에 영토를 갖고 있었던 것으로 보입니다. 백제는 현재의 서울, 경기도, 충청남북도, 전라남북도를 영토로 삼았습니다. 그런데 중국 역사책들에는 백제의 영토가 중국에도 있었다는 이상한 기록들이 남아 있답니다. 먼저 그 기록을 살펴볼까요?

칠지도 모형

> 백제국은 본래 고구려와 함께 요동의 동쪽 천여 리에 있다. 그 후 고구려가 요동을 영유하자 백제가 요서를 영유했다. 백제의 치소를 진평군 진평현이라고 했다. -『송서』

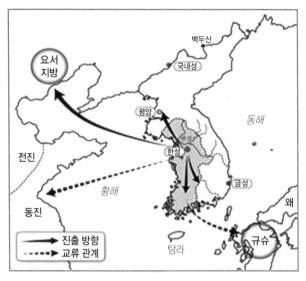

4세기 백제의 전성기

위 기록은 중국 남북조 시대에 남조 국가 중 송나라(420~478)의 역사를 기록한 『송서』의 내용입니다. 이처럼 백제는 '요동 동쪽 천여 리' 떨어진 곳에 고구려와 국경을 맞대고 한반도 서남부에 위치하고 있었죠. 그런데 고구려가 요동을 영토로 삼은 무렵에 백제도 요동의 바로 서쪽인 요서를 영토로 삼았다는 거예요. 그리고 백제가 통치하는 기관이 진평군 진평현에 위치하고 있다는 매우 구체적인 기록까지 있어요. 이와 비슷한 내용들은 『남제서』, 『양직공도』, 『양서』, 『남사』, 『문헌통고』, 『통전』 등의 중국 역사책들에도 기록되어 있습니다.

그런데 이상한 점이 하나 있었죠. 위 기록에서처럼 백제 영토가 중국에 있었다면 중국의 지명 중에는 요서군과 진평군이 있어야 하는데, 요서군은 있지만 진평군은 어디에도 기록이 남아 있지 않았습니다. 그래서 실제로 없는 지명인 '진평군'은 가짜 기록이므로 위 기록들이 모두 가짜

라는 주장이 있었죠. 통일 신라 때 최치원은 당나라에서 유학을 하고 빈 공과에 합격하여 지방관인 태수까지 올랐던 사람인데, 다음과 같은 글을 당나라 태사시중에게 올린 편지에 썼다는 기록이 있습니다.

고구려와 백제의 전성기에는 강한 군사가 백만이었습니다. 남으로는 오 (嗚), 월(越)을 침공했고, 북으로는 유(幽)의 연(燕), 제(齊), 노(魯)의 지역을 어지럽혀 중국의 커다란 해충이 되었습니다. 수(隋)나라 황제가 나라를 그르친 것도 요동 정벌에 말미암은 것이었습니다. ─『삼국사기』

여기서 오(嗚), 월(越)은 중국의 남쪽 지방으로 현재 베트남과 국경을 접하는 지역까지 포함합니다. 즉 백제의 전성기에 중국 남쪽 지역을 백 제가 침략했음을 보여 주고 알려 줍니다. 이와 관련된 것으로 보이는 기 록이 『송서』에 남아 있습니다.

진평령은 오나라 때 장평이라 했다가 진 무제태강원년에 이름을 진평이 라 바꿨다. ─『송서』

위 기록의 진평은 '군'이 아니지만 '현'에 해당하는 지역입니다. 즉 진 평현이죠. 다시 말해 '진평군'은 아니지만 '진평현'은 베트남과 가까운 지 역에 존재했었던 거예요. 게다가 현재 광서장족자치구(베트남과 국경을 맞대 고 있는 중국 남쪽 지방)에는 '백제향'이라는 지역이 있고, 그 중심에는 '백제 허'라는 마을이 있습니다. 또한 그 마을 사람들이 부르는 마을 이름은 놀랍게도 'Daebakcae', 즉 우리 발음으로 '대백제'라는 거죠. 가상 드라 마 〈중국 백제허 마을의 비밀〉의 한 장면을 봅시다.

진평군 태수: 본국인 백제가 멸망했다고 하네. 우리 백제의 이름을 남기기 위해 이곳을 영원히 '대백제'라 부르도록 하라!

백제허 마을 주민: 예, 알겠습니다. 우리 마을 이름은 이제부터 '대백제'입니다.

백제의 영토 진평군 '진평현'은 현재 광서장족자치구에 존재했고, 그 근처에 '백제허'라는 마을이 남아 있으며, 그 마을 사람들은 자신들의 마을을 '대백제'라고 부르고 있다는 것입니다. 이것이 과연 우연의 일치일까요? 앞으로 더 많은 연구가 진행되면 역사의 진실은 반드시 밝혀질 것입니다.

드라마 〈근초고왕〉에는 근초고왕 때 고흥이 편찬한 백제의 역사서 『서기』를 묘사한 장면도 나옵니다. 삼국시대에도 역사서가 편찬되었음을 보여 주는 것이 고구려의 『유기』와 『신집』, 백제의 『서기』, 신라의 『국사』입니다. 고구려 영양왕 때 이문진이 『유기』 100권을 간추려 『신집』 5권을 편찬했으며, 백제는 근초고왕 때 고흥이 『서기』를 편찬했고, 신라는 진흥왕 때 거칠부가 『국사』를 편찬했습니다. 고구려 영양왕은 수나라와의 전쟁을 승리로 이끌었던 왕이며, 백제 근초고왕과 신라 진흥왕은 영토를 가장 많이 넓힌 왕입니다. 즉 고구려, 백제, 신라의 전성기를 과시하기 위한 목적에서 역사서들이 편찬되었던 것입니다.

드라마 〈선덕여왕〉

작가: 김영현, 박상연 **연출**: 박홍균, 김근홍 **방송 연도**: 2009년 MBC 방송

줄거리: 필사본 『화랑세기』에 나오는 '미실'과 실존 인물 '선덕여왕'을 중심으로 벌어진 이야기들을 다루었습니다. 진흥왕 때부터 진지왕, 진평왕을 거쳐 선덕여왕이 즉위하여 여러 업적을 세우는 내용이 펼쳐졌습니다.

<선덕여왕>으로 배우는 **신라의 전성기**

신라의 국호는 원래 사로국이었는데, 지증왕 때 국호를 '신라'로 바꾸었습니다. '신라'라는 국호의 의미를 알려 주는 가상 드라마 〈지증왕〉의 한 장면을 봅시다.

> 지증왕: 새로운 국호를 '신라'로 하기로 했다던데, 어떤 뜻인가?
>
> 신하: 덕업일신(德業日新)의 '신'과 망라사방(網羅四方)의 '라'를 합쳐 신라라
> 고 했사옵니다.
>
> 지증왕: 나라의 대업을 날로 새롭게 하여 사방을 망라하다.
>
> 신하: 그렇사옵니다. 왕의 업적이 전국 방방곡곡에 미치지 않는 곳이 없다
> 는 뜻이옵니다.

이처럼 신라 국호의 원래 의미는 나라의 대업, 즉 국왕의 업적을 날로 새롭게 하여 사방, 즉 전국 각 지방을 망라할 정도로 널리 확산된다는 뜻입니다. 이것은 중앙집권을 강화한다는 뜻으로 왕권 강화를 의미합니다. 실제로 지증왕 때부터 왕호를 '왕'으로 사용하기 시작했고, 울릉도의 우산국을 정복하여 이때부터 울릉도와 독도가 우리 영토에 포함되었죠.

또한 법흥왕 때는 율령 반포, 불교 공인, 골품제 정비 등이 이루어져 고대 국가 체제를 확립시켰습니다. 이 중 골품제는 왕족인 성골, 귀족인 진골, 6두품, 5두품, 4두품, 3두품, 2두품, 1두품으로 나눈 것으로 귀족들의 계층을 세분화한 제도입니다. 드라마 〈선덕여왕〉에는 어린 김춘추가 화백회의 중에 골품제는 천박하고 야만적인 제도라고 말하는 장면이 나옵니다.

왜 김춘추가 이런 말을 한 것처럼 묘사했을까요? 그것은 김춘추가 진골이었기 때문이죠. 당시 신라에서는 골품제에 따라 성골만이 왕이 될 수 있었습니다. 선덕여왕이 진평왕의 뒤를 이어 즉위한 것은 성골 남자가 없었기 때문이죠. 그것은 성골만이 왕이 될 수 있는 기존의 골품제가 없었다면 김춘추가 더 빨리 왕위에 오를 수도 있었음을 의미합니다. 즉 기존의 골품제에 가장 큰 불만을 지닌 사람이 바로 김춘추였으리라는 추론이 가능하죠.

진흥왕은 신라의 영토를 가장 넓게 확보했던 왕입니다. 그래서 영토를 순수(왕이 직접 전국 각지를 돌아다니는 것)하며 비석을 세웠습니다. 이러한 비석들을 순수비라고 하는데, 북한산비, 황초령비, 마운령비, 창녕비와 단양 적성비 등이 있습니다. 〈선덕여왕〉에서는 이 중에서 북한산비를 세우는 장면이 묘사되었어요. 실제로 진흥왕은 북으로는 함경도의 마운령, 황초령까지 차지했고, 서쪽으로는 서울 북한산, 경기 화성(당항성)까지의 한강 유역을 차지했습니다. 남쪽으로는 경남 창녕까지, 충청도에서는 충북 단양까지 차지했어요.

원래 한강 유역을 차지했던 고구려를 협공한 것은 신라의 진흥왕과 백제의 성왕이었습니다. 그런데 진흥왕의 배신으로 한강 유역은 모두 신라의 영토가 되었습니다. 이에 화가 난 성왕은 신라를 공격하던 중 매복하고 있던 신라 군에 붙잡혀 전사하고

진흥왕 순수비

맙니다. 이를 묘사하는 장면이 드라마 〈서동요〉에 나오는데, 노비 출신 신라 군 '고도'에게 성왕이 목을 베이는 것이었죠. 이 장면이 『일본서기』에는 이렇게 묘사되었습니다.

얼마 후 고도가 명왕을 사로잡아 두 번 절하고 '왕의 머리를 베기를 청합니다'라고 했다. 명왕이 '왕의 머리를 노비의 손에 줄 수 없다'라고 했다. 고도가 말하기를 '우리나라의 법에는 맹세한 것을 어기면 비록 국왕이라 하더라도 노비의 손에 죽습니다'라고 했다.

여기서 명왕은 성왕을 말합니다. 고도는 사마노(飼馬奴), 즉 말몰이꾼을 하던 노비였습니다. 고도가 성왕을 죽이는 이유를 '맹세한 것을 어기면'

이라고 했는데, 이는 당시 신라 입장에서 성왕을 죽인 이유를 합리화한 것이죠. 성왕은 진흥왕이 배신했기 때문에 신라와의 동맹을 깬 것이었지만, 진흥왕은 성왕이 동맹을 깨고 신라를 공격했기 때문에 노비에게 목이 잘리는 모욕을 주었다는 이야기입니다. 어쨌든 성왕의 치욕적인 전사 이후 백제와 신라는 원수가 되었습니다.

〈선덕여왕〉에는 화백회의를 통해 진지왕을 쫓아내고 진평왕을 새로운 왕으로 내세우는 장면도 나옵니다. 진흥왕의 뒤를 이은 진지왕은 '황음무도'하다는 이유로 쫓겨났는데, 그 뒤를 이어 즉위한 왕이 진흥왕의 큰아들 동륜의 아들이었던 백정이었어요. 『삼국유사』에는 이 내용이 다음과 같이 실려 있습니다.

선덕여왕릉: 경주 소재. 선덕여왕은 우리나라 최초의 여왕으로 남자 성골이 없어지면서 처음으로 여왕이 되었습니다.

나라를 다스린 지 4년 만에 주색에 빠져 음란하고 정사가 어지러우므로 나라 사람들이 그를 폐위시켰다.

〈선덕여왕〉에서 묘사한 '황음무도하여 국정을 문란케 한 죄'가 『삼국유사』에는 '주색에 빠져 음란하고 정사가 어지러우므로'라고 기록되어 있습니다. 진지왕이 실제로 주색에 빠져 음란했는지 알 수 없지만, 한 가지 분명한 사실은 그가 폐위되었고 이를 주도한 것은 아마도 화백회의였다는 것입니다. 다시 말해 화백회의는 귀족회의였고, 국왕을 바꿀 정도의 강력한 힘을 지녔습니다. 화백회의의 중요한 특징으로 만장일치제가 있는데, 한 명이라도 반대하면 결정이 이루어지지 못했습니다. 이것은 소수 의견을 무시하지 않는다는 긍정적인 측면도 있지만, 소수 의견을 가진 사람들에게 반대를 하지 못하도록 압력을 가하는 역할을 했다고도 볼 수

분황사탑: 선덕여왕을 상징하는 절이 분황사입니다.

있죠.

선덕여왕이 첨성대 건설을 명하는 장면도 나왔는데, 첨성대는 천문관측을 위한 건축물로 알려져 있습니다. 첨성대(瞻星臺)라는 이름처럼 이는 '별을 보는 건축물'입니다. 몸통부에서 사용된 석재는 모두 365개로 1년 365일을 의미하며, 기단석 12개의 석재는 1년 12달, 중앙 창을 제외한 24단은 24절기, 총 28층의 단수는 별자리 28수를 의미하는데, 이는 시간을 건축물로 표현한 것입니다.

첨성대: 선덕여왕 때 건설된 천문 관측 시설로 선덕여왕을 상징하는 건축물입니다.

4. 고구려와 중국의 대결과 신라의 삼국 통일

드라마 〈연개소문〉

작가: 이환경 **연출:** 이종한, 고종희 **방송 연도:** 2006년~2007년 SBS 방송

줄거리: 이 드라마에는 고구려와 수나라의 전쟁, 또 수나라 30만 대군을 궤멸시킨 살수 대첩이 등장합니다. 그리고 수나라의 뒤를 이은 당나라 태종이 다시 안시성 싸움에서 대패하고 연개소문에게 쫓기는 과정도 박진감 넘치게 묘사했습니다.

〈연개소문〉으로 배우는 **살수대첩과 당 태종 '눈 부상'의 진실**

을지문덕 동상

드라마 〈연개소문〉에는 편지로 전해진 시를 읽고 수나라 장군들 이 속았음을 깨닫고 급히 철군을 시작하는 장면이 나왔습니다. 다 음은 고구려 을지문덕 장군이 수 나라 별동대 대장이었던 우중문 에게 보낸 시입니다.

그대의 귀신같은 계략은 하늘의 이 치를 다했고

기묘한 계략은 땅의 이치를 통달했구나

전쟁에 이겨서 그 공이 이미 높으니

만족함을 알고 그만 돌아가는 것이 어떨까

6세기 말 중국 남북조를 통일한 수나라는 고구려를 압박하기 시작했습니다. 이에 고구려 영양왕은 수나라의 요서 지방을 선제공격했고, 수나라의 문제는 고구려에 대한 반격을 했습니다. 이에 고구려는 수나라의 육군과 해군을 모두 막아 냈고, 수나라는 대패했습니다. 이후 문제의 아들 양제가 즉위하여 고구려 정벌을 준비했습니다. 드디어 수 양제는 백만이 넘는 대군으로 고구려를 침략했지만, 요동성조차 함락시키지 못하자 별동대 30만을 보내 평양성을 함락시키려는 전략을 세웠습니다.

평양성 근처까지 진격한 30만 별동대는 을지문덕의 편지를 받고 속았다는 것을 깨달았습니다. 고구려 군은 수나라 군을 끌어들이면서 청야 작전을 펼쳐 식량은 물론 들판의 풀까지 모두 불태워 버렸습니다. 수나라 군은 식량을 최소한으로 준비하여 급속도로 진격했기 때문에 식량이 거의 떨어진 상황이었습니다. 한마디로 을지문덕의 편지는 '지금이라도 철수하지 않으면 모두 굶어 죽을 것이다'라는 협박이었던 것이죠. 결국 서둘러 퇴각하던 수나라 군이 살수(청천강)에서 고구려 군대에 대부분 몰살당한 사건이 바로 살수대첩입니다.

살수대첩에 대해 많이 알려진 이야기가 있죠. 을지문덕 장군이 살수의 강물을 막아 일종의 임시 댐을 만들었다가, 도망가던 수나라 군이 얕아진 살수를 건널 때 그 댐을 터트려 엄청난 강물로 수공을 했다는 이야기입니다. 이것은 사실일까요? 먼저 다음 기록을 봅시다.

칠불사(七佛寺), 북성(北城) 밖에 있는데, 세상에 전하기를, "수(隋)나라 병사가 강가에 늘어서서 강을 건너려고 했으나 배가 없었다. 그런데 문득 일곱 중[僧]이 강가에 와서 여섯 중이 옷을 걷어 올리고 건너거늘 수나라 병사가 보고 물이 얕은 줄 알고 군사를 지휘하여 다투어 건너다 물에 빠져 죽은 시체가 내에 가득하여 흐르지 않아 절을 짓고 칠불사라 했으며 일곱 중처럼 일곱 돌을 세워 놓았다." 한다.

이것은 『신증동국여지승람』에 나오는 이야기인데, 이중환이 쓴 『택리지』에도 나옵니다. 칠불사는 청천강 근처에 있는 절인데, 살수대첩 때 도망가던 수나라 군대가 배가 없어 청천강을 건너지 못하고 있었다는 거예요. 그런데 7명의 스님 중 6명이 강을 건너자 물이 얕다고 생각한 수나라 군대가 강을 건너다 물에 빠져 죽은 시체가 강을 막아 흐르지 않을 정도였다는 전설이죠. 강이 얕다고 생각한 수나라 군은 한꺼번에 강을 건너는데, 고구려 군이 미리 설치해 놓은 임시 댐을 터트려 수나라 군을 수공했다는 것입니다. 아마 신채호도 『조선상고사』에 이 전설을 바탕으로 살수대첩을 수공이었다고 한 것이 아닐까요? 그렇다면 살수대첩은 정말 수공이었을까요? 다시 다음 기록을 봅시다.

을지문덕이 군사를 내어 사면에서 습격하니 우문술 등이 싸우면서 행군했다. 살수에 이르러 군사가 반쯤 건넜을 때 을지문덕이 군사를 전진시켜 그 후미를 공격하여 우둔위 장군 신세웅을 죽였다. 이에 모든 부대가 함께 허물어졌으나 이를 막을 수 없었다. 아홉 부대의 장군과 병사가 달아나 돌아감에 밤낮 하루 동안에 압록강에 도달했으니 450리를 걸었다. 처음 요하를 건넜을 때에는 아홉 부대가 30만 5,000명이었는데, 요동성에 되돌아간 자는 겨우 2,700명이었다.

이것은 『수서』의 기록인데, 우리나라의 『삼국사기』에도 똑같은 기록이 있습니다. 『수서』는 수나라의 역사를 기록한 중국의 역사책으로 수나라 멸망 직후 편찬된 역사책이기 때문에 가장 신빙성이 있는 기록입니다. 그런데 수나라 군이 살수를 건널 때 고구려 군이 공격하여 큰 타격을 받았다는 이야기만 나올 뿐, 고구려 군이 수공했다는 내용은 전혀 없습니다. 또한 살수에서 타격을 받은 수나라 군은 아홉 부대가 남아 압록강까지 450리를 행군했고, 압록강을 건너 요동성까지 되돌아간 인원이 2,700명이었던 것으로 보아 살수에서 큰 타격을 받았지만 몰살은 아니었음을 알 수 있죠.

당시에 강물을 막아 수나라 군에게 타격을 줄 수 있으려면 최소한 수십 미터 높이의 임시 댐을 만들었어야 합니다. 과연 이것이 가능했을까요? 과학적으로 불가능했을 겁니다. 그렇다면 이러한 이야기는 왜 만들어졌을까요? 먼저 살수란 장소가 강이었다는 것이 사람들의 상상력을 자극했을 거예요. 그리고 '수나라의 30만 대군을 고구려 군이 어떻게 이겼을까'라는 의문점에 대한 해답을 강에서 찾았던 것이죠. 또한 고구려 군을 이끈 을지문덕은 엄청난 전략을 짜는 영웅이었다는 점이 결정적이었죠. 즉 30만 대군을 고구려 군이 이긴 것은 기적이었고, 영웅 을지문덕이 살수를 이용한 수공을 가했기 때문에 기적이 일어났다는 전설을 만들어 냈을 것입니다. 결론적으로 살수대첩은 수공이 아니었으며, 사람들이 만들어 낸 이야기가 전설로 내려왔을 뿐일 것입니다.

연개소문 동상

드라마 〈연개소문〉에는 당 태종의 고구려 침략을 막아 낸 안시성 싸움이 나옵니다. 당 태종이 패전 후 철수하는 과정에서 연개소문의 추격을 받아 큰 위기에 처하는 내용을 묘사했습니다. 이 이야기의 근거가 되는 것이 『삼국사기』의 기록입니다.

유공권(柳公權)의 소설에 말하기를 "주필의 전쟁에서 고구려와 말갈이 군사를 합하니 사방 40리(里)여서 태종이 이를 바라보고 두려워하는 기색이 있었다." 했다. 또 말하기를 "6군이 고구려에 패하여 거의 떨쳐 일어나지 못하게 되었을 때 시중드는 자가 알리기를 '영공(英公)의 대장기, 흑기(黑旗)가 포위되었다'고 하자 황제가 크게 두려워했다"고 했다. 비록 마침내 스스로 빠져나갔지만 위태롭고 두려워함이 저와 같았는데 『신·구당서』와 사마광의 『자치통감』에서 언급하지 않은 것은 어찌 나라를 위하여 숨긴 것이 아니겠는가?

유공권은 당나라의 서예가로 『소설구문기』라는 책을 지은 것으로 알려져 있습니다. 이 책은 지금 남아 있지 않아 그 내용을 알 수 없지만, 김부식이 『삼국사기』를 쓴 당시에는 남아 있었습니다. 김부식은 위와 같이 『소설구문기』를 인용하여 당 태종이 연개소문의 추격을 받아 큰 위기에 처했었음을 밝히고 있습니다.

김부식의 평가에 따르면 당 태종은 고구려의 추격군을 크게 두려워했습니다. 안시성 싸움 패배 후 당 태종은 구사일생으로 위기에서 빠져나왔던 것으로 보입니다. 또한 김부식은 중국이 『신당서』, 『구당서』, 『자치통감』에서 이 사실을 숨긴 것은 중국의 치욕을 숨기려 한 것이라고 비웃기까지 했습니다. 하지만 『자치통감』에서는 이 사실을 완전히 숨기지 못했는데, 그 기록을 봅시다.

> 요택의 진흙과 길에 괸 물로 수레와 말이 통행하지 못하자 장손무기에게 명령하여 1만 명을 거느리고 풀을 잘라서 길에 메우도록 했고, 물이 깊은 곳에는 수레를 교량으로 삼았는데, 황상(당 태종)은 스스로 나무를 말의 안장걸이에 묶어서 일을 도왔다.

이것은 안시성 싸움 후 철수 과정에서 요동 반도의 요택이라는 늪지대를 지날 때 수레와 말이 다닐 수 있도록 임시 교량을 만드는 작업을 당 태종이 직접 도왔다는 내용입니다. 고구려 군의 추격에 마음이 급해진 당 태종이 친히 작업을 도울 정도로 큰 위기였다는 것이죠. 이와 같이 안시성 싸움은 고구려가 당의 침략을 잘 막아 낸 대첩이었을 뿐만 아니라, 고구려의 반격으로 당나라를 멸망시킬 수도 있었던 쾌거였던 것입니다.

영화 〈안시성〉

감독: 김광식 **개봉 연도**: 2018년

줄거리: 이 영화의 출발점은 주필산 전투입니다. 고구려를 침략한 당나라 군을 막기 위해 고구려 군 15만이 싸웠지만 대패를 했습니다. 그런데 안시성의 성주 양만춘은 고구려의 대막리지 연개소문과 사이가 좋지 않았어요. 심지어 연개소문은 안시성에 자객을 보내 양만춘을 죽이려고 합니다. 이러한 상황에서도 양만춘 장군이 어떻게 당나라 군을 막아 냈는지를 잘 보여 주는 영화입니다.

<안시성>으로 배우는 안시성 싸움

안시성 복원 모형 세트장

영화 〈안시성〉에서는 연개소문이 양만춘을 죽이기 위해 자객을 보낼 정도로 두 사람의 사이가 나빴다고 묘사되었습니다. 그 이유는 다음의 기록에서 출발합니다.

> 황제가 백암성에서 이기고 이세적에게 일러 말하기를 "내가 들으니 안시성은 성이 험하고 병력이 정예이며, 그 성주가 재능과 용기가 있어 막리지의 난에도 성을 지키고 항복하지 않아, 막리지가 이를 공격했으나 함락시킬 수 없어 그에게 주었다. 건안성은 병력이 약하고 식량이 적어 만일 불의에 나가 이를 공격한다면 반드시 이길 것이다. 공이 먼저 건안성을 공격하는 것이 좋겠다. 건안성이 떨어지면 안시성은 내 배 안에 있는 것이니, 이것이 병법에 '성에는 공격하지 않는 곳이 있다'고 말하는 것이다"라고 했다.

이는 『삼국사기』의 기록으로 당 태종이 이세적과 고구려 공격 방법을 논의하면서 나온 말입니다. 이 논의 중에 안시성의 성주(양만춘)가 막리지(연개소문)의 쿠데타에 저항했다는 이야기가 나옵니다. 이 쿠데타는 연개소문이 영류왕을 비롯한 반대 세력들을 죽이고 권력을 잡은 사건을 말합니다. 당 태종이 알고 있던 정보가 사실이라면 양만춘은 연개소문과 대립한 반대 세력이었음이 분명합니다. 그런데 이상한 점이 있습니다. 당

양만춘

태종이 안시성을 공격하자 연개소문은 고연수, 고혜진 등이 이끈 고구려 군과 말갈 군을 15만 명이나 보내 안시성을 구원한 것입니다.

> 황제가 안시성에 이르러 병력을 보내 공격하니, 북부 욕살(褥薩) 고연수(高延壽)와 남부 욕살 고혜진(高惠眞)이 아군과 말갈 병력 15만을 거느리고 안시성을 구원했다.

이와 같은 『삼국사기』의 기록이 사실이라면 연개소문은 자신의 반대 세력을 구원하기 위해 15만이라는 대군을 동원했다는 것입니다. 그러나 그 결과는 고구려 군의 패배였습니다. 〈안시성〉의 시작도 바로 고구려 군 15만 중 14만이 대패한 것으로 묘사된 주필산 전투였습니다. 다시 『삼국사기』의 기록을 봅시다.

> 대군이 이 기회를 타서 공격하니 아군은 크게 무너져 죽은 자가 3만여 명이었다. 황제가 설인귀를 바라보고 유격장군(遊擊將軍)의 벼슬을 내렸다. 연수 등은 남은 무리를 거느리고 산에 의지하여 스스로 수비했다. 황제가 여러 군대에 명하여 이를 포위하게 하고, 장손무기는 교량을 모두 철거하여 돌아갈 길을 끊으니, 연수와 혜진이 무리 3만 6,800명을 거느리고 항복을 청했다. 군문에 들어가 절하고 엎드려 목숨을 청하니, 황제가 욕살 이하 관장 3,500인을 가려 내지(內地)로 옮기고, 나머지는 모두 놓아주어 평양으로 돌아가게 하고, 말갈 3,300인은 거두어 모두 구덩이에 묻었다.

위 기록에 따르면 안시성을 구원하러 온 고구려 군은 당군의 공격을 받아 3만여 명이 죽었고, 고구려 군을 이끈 고연수와 고혜진은 고구려 군 3만 6,800명과 함께 당 태종에게 항복했습니다. 그런데 그중 3,500명은 당나라로 끌려가고, 말갈 군 3,300명만 구덩이에 생매장하여 죽였습니다. 다시 말해 항복한 고구려 군 중 3만 명은 고구려로 돌아갔다는 것이죠. 안시성을 구원하러 온 15만 명은 어디로 간 것일까요? 고구려군은 3만 명이 전사하고, 3만 6,800명이 항복했습니다. 그렇다면 고구려군은 처음부터 7만 명이었을 가능성이 있습니다. 그런데 이것도 믿을 수 없는 것이 포로 중 3만 명은 다시 고구려로 돌아갔습니다. 고구려 정복을 목표로 한 상황에서 3만 명의 대군을 그냥 풀어 주었다는 것은 말이 안 되죠. 즉 3만 대군은 처음부터 포로가 된 적이 없었을 것입니다. 아마도 7만의 구원군 중 3만은 거짓 패배로 철수했을 것이고, 다시 3만은 항복을 가장하고 후퇴했을 것입니다. 다시 말해 실제 포로는 고구려 군 3,500명과 말갈 군 3,300명뿐이었을 가능성이 큰 것이죠.

게다가 안시성에 대한 당군의 공략은 쉽지 않았습니다. 실제로 안시성을 구원하기 위한 고구려 군 15만이 대패를 했다면 안시성 안의 고구려 군과 백성들은 사기를 잃었을 가능성이 큽니다. 정반대로 안시성의 군대와 백성들은 당군의 엄청난 공격을 막아 내고 결국엔 승리를 거두었습니다. 이러한 안시성 싸움의 전개 과정은 양만춘과 연개소문의 사이가 좋지 않았다는 이야기가 사실은 역정보로 흘린 헛소문이었을 가능성을 보여 줍니다. 이 소문을 믿은 당 태종은 안시성주 양만춘을 쉽게 생각했고, 결국엔 안시성 싸움에 패배했던 것입니다.

영화 〈황산벌〉과 〈평양성〉

감독: 이준익 **개봉 연도**: 2003년(황산벌), 2011년(평양성)

줄거리: 영화 〈황산벌〉의 첫 장면은 고구려의 연개소문, 백제의 의자왕, 신라의 무열왕 김춘추와 중국 당나라 고종까지 4명이 가상 정상 회담을 하는 모습입니다. 그런데 이상한 것이 고구려는 당시 왕이었던 보장왕 대신에 연개소문이 정상 회담에 참여했습니다. 왜 그랬을까요? 연개소문은 쿠데타를 일으켜 영류왕을 죽이고 정권을 잡았습니다. 허수아비로 세운 보장왕은 아무 힘이 없었죠. 그래서 실권을 갖고 있던 연개소문이 정상 회담에 참여한 것처럼 묘사된 것이죠. 영화 〈평양성〉은 연개소문 사후 아들들 사이에 내분이 일어났음을 보여 줍니다. 큰아들 남생은 당나라와 협상을 하자는 온건파였고, 둘째 남건, 셋째 남산은 당나라와 끝까지 싸우자는 강경파였죠. 결국 3형제가 칼을 꺼내 들고 권력 투쟁을 하는 장면이 나오는데, 결과는 모두 알다시피 남생의 실각이었습니다. 이후 남생은 당나라에 투항하여 고구려를 멸망시키는 앞잡이가 됩니다.

〈황산벌〉과 〈평양성〉으로 배우는 삼국 통일

영화 〈황산벌〉에서 연개소문은 정통성을 이야기하면서 김춘추가 반쪽짜리 왕족, 즉 진골 출신으로 왕위에 오른 점, 또 의자왕의 아버지, 즉 무왕도 서자로 왕위에 오른 점을 언급하면서 모두가 정통성에 약점이 있다고 말합니다. 그리고 무열왕 김춘추의 입을 통해 신라가 삼국 통일을 시

의자왕 가묘: 충남 논산 소재. 의자왕의 가짜 묘입니다. 의자왕은 당나라로 끌려가 생을 마감했으므로 현재 중국에 무덤이 있을 것으로 추정됩니다.

작한 이유를 꺼냅니다. 실제로 백제는 신라 대야성을 공격했는데, 대야성 주의 부인이었던 고타소가 바로 김춘추의 딸이죠. 이때 딸이 죽자 김춘추는 복수하기 위해 먼저 고구려를 찾아갑니다. 그러나 연개소문은 신라와의 동맹을 거부했고, 오히려 김춘추를 억류했습니다.

김유신의 도움으로 가까스로 탈출한 김춘추는 당나라로 건너가 나당 동맹을 맺게 됩니다. 먼저 백제를 공격하여 그 땅을 신라에게 주고, 고구려를 멸망시켜 대동강 이북은 당나라가 차지하는 계약을 맺었죠. 〈황산벌〉에는 연개소문과 의자왕이 한편이 되어 신라 무열왕 김춘추를 당과 한편이라고 욕하는 장면이 나오는데, 신라가 같은 민족을 배신하고 외세인 당나라와 힘을 합쳐 백제와 고구려를 멸망시켰음을 상징적으로 표현한 것입니다.

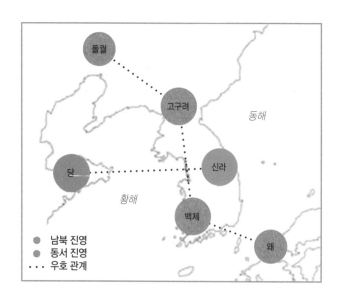

감은사 터: 문무왕이 죽어서 용이 되었다고 생각하여 용이 드나들 수 있도록 돌 아래가 뚫려 있는 구조로 건설되었습니다.

〈황산벌〉에는 당시 인천 앞바다에서 배를 타고 온 당나라 군과 신라 군이 만나 백제를 공격하는 작전을 짜는 장면이 나옵니다. 소정방은 7월 10일까지 신라 군이 사비성 앞으로 이동하여 당나라 군과 합류하라는 명령을 내리죠. 그러자 김유신은 당나라 군은 배를 타고 이동하기 때문에 7월 10일까지 쉽게 이동할 수 있지만, 신라 군은 육지로 이동하는 상황에다가 백제 군의 저항까지 물리쳐야 도착할 수 있는 상황이라는 이유를 들어 이를 거부합니다. 이에 소정방은 이 작전은 김춘추가 당나라 황제에게 애걸해 시작된 것이므로 기일을 지키지 못할 것 같으면 자신들은 그냥 당나라로 돌아가겠다는 협박을 하죠. 이는 나당 동맹이 평등하지 못한 성격이었음을 보여 줍니다. 한마디로 당나라가 신라에게 갑질을 하는 상황이었습니다. 이 상황에 대해『삼국사기』의 기록을 봅시다.

> 정방이 법민에게 말하기를 "나는 7월 10일에 백제의 남쪽에 이르러 대왕의 군대와 만나서 의자(義慈)의 도성(都城)을 깨뜨리고자 한다"라고 했다.

여기 나오는 법민은 훗날 문무왕이 된 김춘추의 큰아들 김법민입니다. 그런데 인천 앞바다 덕물도에서 소정방과 김법민이 만난 날이 660년 음력 6월 21일입니다. 음력 7월 10일에 신라 군과 협공하여 의자의 도성, 즉 사비성(현재 충남 부여)을 공격하자는 작전이었죠. 즉 18일 안에 신라 군이 백제 군을 물리치고 사비성 앞까지 도착하여 당나라 군과 함께 협공을 하라는 것이었습니다. 이것은 실제로 시일을 맞추기가 매우 어려운 작전이었습니다. 다시『삼국사기』의 기록을 봅시다.

> 이날에 [소(蘇)]정방(定方)은 부총관(副摠管) 김인문(金仁問) 등과 함께 기

벌포(伐浦)에 도착하여 백제의 군사를 만나 맞아 싸워서 크게 깨뜨렸다. [김(金)]유신(庾信) 등이 당(唐)나라 군대의 진영에 이르자, [소]정방은 [김]유신 등이 약속한 기일보다 늦었다고 하여 신라의 독군(督軍)인 김문영(金文穎 또는 金文永으로도 썼다)을 군문(軍門)에서 목을 베려고 했다. [김]유신이 무리들에게 말하기를 "대장군(大將軍)이 황산(黃山)에서의 싸움을 보지도 않고 약속한 날짜에 늦은 것만을 가지고 죄를 삼으려고 하는데, 나는 죄가 없이 모욕을 받을 수 없다. 반드시 먼저 당나라의 군사와 결전을 한 후에 백제를 깨뜨리겠다"라고 했다. 이에 큰 도끼를 잡고 군문에 섰는데, [그의] 성난 머리털이 곧추서고 허리에 찬 보검이 저절로 칼집에서 뛰어나왔다. [소]정방의 우장(右將)인 동보량(董寶亮)이 [그의] 발을 밟으며 말하기를 "신라의 군사가 장차 변란을 일으킬 듯합니다"라고 하자 [소]정방이 곧 [김]문영의 죄를 풀어 주었다.

위 기록에서 소정방은 660년 음력 7월 9일 기벌포에 도착하여 백제군을 물리칩니다. 그런데 김유신이 이끈 신라 군이 당나라 군과 합류하자 소정방은 약속한 기일보다 늦었다고 트집을 잡습니다. 약속한 기일이 음력 7월 10일이었으므로 김유신의 신라 군은 아마도 7월 11일 도착한 것으로 추정합니다. 이에 소정방은 기일을 어겼다는 이유로 신라 장수 김문영을 죽이려고 합니다. 그러자 김유신은 도끼와 칼을 꺼내 들고 당나라 군과 먼저 싸우겠다고 앞장을 서죠. 이에 놀란 당나라 장수 동보량의 충고를 듣고 소정방은 결국 김문영을 풀어 주었던 것입니다. 실제로도 김유신은 영화 〈황산벌〉처럼 이날 나당 전쟁을 결심했을 것으로 추측할 수 있습니다.

계백장군 묘: 충남 논산 소재

황산벌 싸움 복원 모형

영화 〈평양성〉의 전작인 〈황산벌〉에는 백제를 멸망시킨 후 소정방과 무열왕, 김유신 등의 대화 장면이 나옵니다. 나당 동맹의 원래 계약은 백제 멸망 후 백제 땅은 신라가 차지하는 것이었죠. 그러나 당나라는 약속을 어기고 백제 땅에 웅진 도독부를 설치하고 직접 식민 통치하기 시작했습니다. 의자왕을 비롯한 백제의 왕족, 신하, 장수들이 당나라로 끌려가기도 했죠. 이러한 당나라의 야욕은 결국 나당 전쟁으로 이어졌는데, 〈황산벌〉에는 김유신이 칼을 꺼내 들고 소정방에게 당나라 군을 이 땅에서 쫓아낼 것이란 다짐을 하는 장면이 나왔죠. 실제로 문무왕과 김유신은 나당 전쟁을 통해 당나라 군을 한반도에서 몰아냈습니다. 이와 관련된 내용이 〈평양성〉에도 나옵니다.

정림사지 5층 석탑: 충남 부여 소재. 소정방이 백제를 정벌했다는 글귀를 새겨 놓았죠.

〈평양성〉에서도 문무왕, 당 고종, 연개소문의 가상 정상 회담이 묘사됩니다. 문무왕은 당 고종에게 고구려를 치려면 약속대로 먼저 백제 땅을 달라고 하죠. 당나라가 약속을 어긴 것으로 인해 당시 신라와 당 사이에 갈등이 있었음을 보여 주는 장면입니다. 역시 당나라는 고구려를 멸망시키면 백제 땅을 주겠다고 다시 사기를 치죠. 그러나 고구려 멸망 후에도 당나라는 안동 도호부를 설치하여 고구려 땅을 식민 통치하기 시작했으며, 심지어 신라 땅에 계림 도독부를 설치하여 한반도 전체를 지배하려는 야욕을 드러냈습니다. 이에 신라는 당나라와의 전쟁을 시작했습니다. 다시 〈평양성〉에서는 고구려 평양성이 함락된 직후 당나라 이세적과 신라 문무왕의 가상 대화를 통해 나당 전쟁이 시작되는 모습을 묘사했죠. 이후 신라는 고구려의 부흥 운동을 지원하여 당나라 군에게 타격을 주었고, 결국 매소성 싸움, 기벌포 싸움 등으로 당나라 군을 한반도에서 몰아내고 삼국 통일을 완성했습니다.

〈평양성〉에도 연개소문의 세 아들 사이에 내분이 일어나 고구려가 멸망하는 내용이 등장합니다. 그런데 아들들 사이에 일어난 내분으로 고구려가 멸망한 사실은 연개소문에게도 그 책임이 있다는 것을 보여 줍니다. 연개소문은 대막리지라는 이름의 총리 역할을 맡아 고구려를 이끌었습니다. 연개소문 사후 대막리지를 이어받은 것도 큰아들 남생이었죠. 연개소문의 아버지 연대조, 할아버지 연자유도 총리 역할의 대대로를 맡았었습니다. 즉 연개소문 집안은 4대 세습의 총리 집안으로 고구려의 실권을 휘둘렀던 것이죠. 특히 연개소문은 쿠데타를 통해 영류왕을 죽이고 반대 세력들을 제거한 후 독재자가 되었습니다. 보장왕은 이름뿐인 왕이었고, 모든 권력은 연개소문의 차지였죠.

연개소문 집안의 권력 세습에 당시 귀족들은 이미 불만이 많았습니다.

연개소문이 대대로가 되어 3대 세습을 하려 하자 여러 귀족들이 반대했죠. 겉으로는 '성격이 잔인하다'는 이유를 들었지만 실제로는 연개소문 집안의 권력 독점에 불만을 가진 귀족들이 반대했던 것입니다. 결국 연개소문은 자신의 반대 세력들을 열병식에 초대하여 한꺼번에 죽여 정권을 차지하고 독재자가 되었습니다. 다시 말해 연개소문은 독재에 반대하는 세력을 탄압하고 정권을 연장했으며, 연개소문 사후 4대 세습으로 이어지자 아들들 사이의 내분을 계기로 고구려 지배층 사이의 갈등이 폭발하여 고구려는 결국 멸망한 것입니다.

5. 남북국 시대

드라마 〈해신〉

작가: 정진옥, 황주하 **연출**: 강일수, 강병택 **방송 연도**: 2004년~2005년 KBS2 방송

줄거리: 통일 신라 말기 왕위쟁탈전에는 장보고도 개입했습니다. 모두 알다시피 장보고는 어릴 때 당나라로 건너가 무령군 소장까지 올라갔지만 다시 신라로 돌아와 완도에 청해진을 설치하고, 신라, 당, 일본을 연결하는 해상 무역의 거점을 만들었습니다. 드라마 〈해신〉은 이러한 장보고의 일대기를 재미있게 묘사했습니다.

〈해신〉으로 배우는 통일 신라의 변화

안압지: 경주 소재

삼국 통일을 위한 전쟁을 시작한 신라의 왕은 무열왕 김춘추입니다. 김춘추는 원래 진골이었기 때문에 왕이 될 수 없었는데, 마지막 성골이었던 진덕여왕이 죽자 김춘추는 진골 출신으로 왕위에 오른 최초의 인물이 되었던 것이죠. 무열왕은 통일 전쟁을 시작하면서 왕권을 강화하기 시작했습니다. 전쟁을 하려면 군사력을 강화해야 하는데, 강력한 군사력은 왕권을 뒷받침하는 역할을 하게 됩니다. 또한 무열왕 때부터 시중의 기능이 강화되기 시작했습니다. 시중은 왕명을 받들고 중요한 기밀을 다루는 직책이었는데, 현대의 대통령 비서실장과 비슷한 역할을 했습니다. 점차 시중의 기능이 강화되어 삼국 시대 때 상대등이 했던 총리 역할을 대신하게 됩니다. 지금으로 말하면 대통령 비서실장이 국무총리 역할을 겸하는 것과 같은 것이죠.

왕권 강화의 결과 무열왕의 직계 후손들이 왕위를 계승하게 됩니다. 먼저 무열왕의 아들 문무왕이 왕위를 계승하여 고구려를 멸망시키고, 나당 전쟁을 승리로 이끌어 삼국 통일을 완수합니다. 또한 문무왕의 아들 신문왕이 왕위에 올라 강력한 왕권을 확립시킵니다. 이를 잘 보여 주는 것이 만파식적 설화입니다.『삼국유사』의 기록을 봅시다.

왕이 대궐로 돌아와서 그 대나무로 피리를 만들어 월성(月城) 천존고(天尊庫)에 보관했다. 피리를 불면 적군이 물러나고 병이 나았으며, 가물면 비가 오고 장마가 지면 날이 개었으며, 바람이 잠잠해지고 파도가 잔잔해졌다. 그래서 만파식적(萬波息笛)이라고 부르고 국보로 삼았다.

가상 드라마 〈만파식적의 비밀〉

#1	#2	#3	#4
김흠돌, 반란을 일으키다	국학, 충효를 가르치다	녹읍을 폐지하다	관료전으로 왕권을 강화하다

이 기록에 나오는 왕은 신문왕입니다. 만파식적이란 피리가 있었는데, 이 피리를 불면 '적군이 물러나고 병이 나았으며, 가물면 비가 오고 장마가 지면 날이 개었으며, 바람이 잠잠해지고 파도가 잔잔해졌다'는 것이죠. 이는 도깨비 방망이와 같은 신기한 보물인데, 만파식적은 실제로 존재한 것일까요? 만파식적 이야기는 신문왕 때 있었던 많은 왕권 강화 정책(9주 5소경의 지방 조직, 9서당 10정의 군사 조직, 국학 설치 등)을 상징하는 것입니다. 신문왕이 즉위한 681년 장인이었던 김흠돌이 반란을 일으켜 진압하고, 이 반란에 동조한 진골 세력들을 숙청했습니다. 그다음 해인 682년 만파식적을 국보로 삼게 된 것이죠. 즉 만파식적은 수많은 파도(김흠돌의 반란)를 잠재운 피리(신문왕의 왕권 강화 정책)라는 뜻으로 해석할 수 있습니다.

통일 신라에서는 8세기 후반 혜공왕이 피살된 이후 155년간 20명의 왕이 즉위하는 왕위쟁탈전이 벌어졌습니다. 결국 왕권은 약화되고 진골 귀족 세력은 다시 강화되었습니다. 이 과정에서 지방에는 호족이라는 새로운 세력들이 나타났습니다. 호족들은 스스로 성주, 장군 등을 자처하면서 자신이 지배하는 지역의 백성들을 통치하고 세금을 걷고 군대를 거느리는 등 세력을 강화해 나갔습니다. 이러한 상황에서도 골품제는 사라지지 않았습니다. 이에 불만을 품은 6두품들은 당나라로 유학을 떠나기도 하고, 호족들과 힘을 합쳐 새로운 사회를 건설하여 신라의 기득권 체제에 저항하는 움직임을 보이기도 했습니다.

완도 청해진 복원 모형

드라마 〈해신〉에는 장보고가 당나라에서 활동하며 재당 신라인들과 함께 신라방 등에서 활동하는 내용이 나옵니다. 이러한 장보고와 재당 신라인들의 활동을 알려 준 기록이 일본 스님 엔닌이 쓴 『입당구법순례행기』입니다.

이른 아침에 신라인이 작은 배를 타고 왔다. 문득 듣건대 "장보고(張寶高)가 신라 왕자와 합심하여 신라국을 징벌하고 곧 그 왕자를 신라국의 왕자로 삼았다"고 했다. 남풍이 다소 세차게 불고 역류하는 조수의 물결이 거셌기 때문에 한곳에 가만히 머물 수가 없었다. 동서로 왔다 갔다 하여 요동이 매우 심했다.

청해진에서 바라본 완도

이와 같이 강력한 지방 세력으로 성장한 장보고에게 왕위쟁탈전에 패배한 신라 왕자(김우징)가 찾아오면서 장보고는 위험한 길을 가기 시작했습니다. 839년 장보고는 자신의 군사들을 보내 민애왕을 죽이고, 김우징을 왕으로 만들었는데, 그가 바로 신무왕입니다. 장보고에게 신세를 진 신무왕은 장보고의 딸을 왕비로 삼겠다는 약속을 했습니다. 그러나 약속은 지켜지지 않았고, 신무왕은 의문의 병사를 합니다. 이어 신무왕의 아들 문성왕이 즉위했는데, 이번에는 문성왕이 장보고의 딸을 왕비로 삼겠다는 약속을 한 것으로 보입니다. 이번에도 약속은 이루어지지 않았습니다. 화가 난 장보고는 반란을 일으켰다가 결국 문성왕이 보낸 자객 염장에게 암살당했습니다.

신라 말기의 혼란을 잘 보여 주는 시기가 진성여왕 때입니다. 드라마 〈태조 왕건〉에서는 진성여왕이 최치원의 개혁안을 거부하고, 신하들과 음주가무를 즐기며 노는 장면을 묘사했습니다. 또한 가난한 백성들이 먹을 것을 찾아 떠돌아다니는 모습을 보며 안타까워하는 스님 도선도 보여 주었죠. 도선은 풍수지리설을 우리나라에 처음 도입했는데, 신라의 멸망과 송악을 중심으로 한 새로운 나라의 건국을 예언한 것으로 유명합니다. 이를 가상 드라마 〈도선의 예언〉의 장면으로 살펴봅시다.

용건(왕건의 아버지): 스님, 이렇게 명당을 잡아 주시니 감사합니다.
도선: 반드시 성스러운 아들을 낳을 것이니, 마땅히 이름을 왕건(王建)이라 지으시오. (그리고 나서 봉투를 만들어 그 겉에 기록하기를) 백 번 절하고 미래에 삼한을 통합할 임금께 삼가 글월을 바칩니다.

이는 『고려사』에 나오는 기록을 바탕으로 했는데, 도선은 송악을 풍수지리설에 따른 명당으로 예언했으며, 왕건의 출생과 후삼국의 통일까지 예언했습니다. 그렇다면 도선은 왕건이 태어나기도 전에 어떻게 신라의 멸망과 고려의 건국을 예언할 수 있었을까요? 겉으로는 풍수지리설에 따른 것이지만 신라는 더 이상 국가로 유지되기 어려운 상태였음을 간파했기 때문입니다. 신라의 왕과 진골 귀족들이 벌이는 향락과 사치의 결과는 전국 각지에서 일어난 농민 봉기였습니다. 이러한 상황에서 도선 역시 새로운 영웅이 탄생하여 새로운 나라를 만들 것이라는 희망을 이야기했던 것이죠.

드라마 〈대조영〉

작가: 장영철 **연출**: 김종선 **방송 연도**: 2006년~2007년 KBS1 방송

줄거리: 드라마 〈대조영〉에는 대조영이 젊은 장군 시절 고구려가 멸망하는 아픔을 겪는 장면부터 당나라에 대한 오랜 저항을 이끌고, 결국엔 당나라 군의 추격을 뿌리치고 탈출하여 만주를 중심으로 발해를 건국하는 내용까지 묘사되었습니다.

〈대조영〉으로 배우는 발해의 건국과 남북국의 동족 의식

696년 이진충의 난을 기회로 삼아 대조영은 고구려 유민과 말갈인들을 이끌고 탈출합니다. 이에 당나라 군의 추격이 시작되고, 이를 뿌리치기 위한 천문령 전투에서 당나라 군에게 큰 승리를 거두면서 대조영은 발해 건국의 원동력을 확보할 수 있었죠. 이상한 점은 제대로 된 군대가 아니었던 고구려 유민들이 어떻게 당나라 군에 맞서 이길 수 있었을까 하는 점입니다.

고구려는 668년 멸망했고, 696년 고구려 유민들은 탈출을 시작합니다. 두 사건 사이에 고구려 유민들은 무엇을 했을까요? 드라마 〈대조영〉에서 묘사된 것처럼 대조영은 고구려 부흥 운동에 참여했을 가능성이 큽니다. 부흥 운동 실패 후 고구려 유민들이 끌려간 영주 지방에서 대조영은 고구려 유민들을 조직화했을 것입니다. 만약 고구려 유민들이 뿔뿔이 흩어

가상 역사 드라마

발해

| 프로그램 소개 | 촬영 현장 | 방송 보기 | **시청자 참여** |

★ 시청자가 뽑은 최고의 장면은?

1위

대조영이 고구려 유민들을 이끌고 탈출하는 장면

2위

장문휴가 산동 반도를 공격하는 장면

져 있었다면 이진충의 난이라는 기회가 왔을 때 탈출하기란 거의 불가능했을 것입니다. 심지어 대조영은 고구려 유민뿐만 아니라 말갈인들까지도 함께 탈출시킵니다. 이것은 고구려 유민에 말갈인들도 포함하여 조직화되어 있었음을 보여 줍니다.

게다가 천문령 전투에서는 당나라 군에게 대승을 거두기까지 합니다. 칼, 창, 활 등 무기도 준비되어 있었던 것입니다. 다시 말해 대조영은 나라를 빼앗긴 시간 동안 고구려의 부흥을 준비했습니다. 고구려 유민들을 조직화하고 무기를 준비해 군사 훈련을 해 왔던 것이죠. 한마디로 대조영은 고구려를 되찾기 위해 당나라와 맞서 투쟁한 독립운동가였습니다. 그렇다면 발해에 대한 통일 신라 등 주변 국가들의 인식은 어떠했을까요? 먼저 다음 기록을 봅시다.

8월 15일 절에서 박탁(餺飩)과 병식(餠食) 등을 마련하여 8월 보름 명절을 지냈다. 이 명절은 여러 다른 나라에는 없고 오직 신라국에만 유독 이 명절이 있다. 노승 등이 말하기를 "신라국이 발해국과 서로 싸웠을 때 이날 승리를 거두었기 때문에 이날을 명절로 삼아 음악과 춤을 추며 즐겼다. 이 행사는 오래도록 이어져 그치지 않았다"고 한다. 온갖 음식을 마련하고 가무와 음악을 연주하며 밤낮으로 이어져 3일 만에 끝이 난다. 지금 이 산원에서도 고국을 그리워하며 오늘 명절을 지냈다. 그 발해는 신라에 토벌되어 겨우 1천 명이 북쪽으로 도망갔다가 후에 되돌아와 옛날대로 나라를 세웠다. 지금 발해국이라 부르는 나라가 바로 그것이다.

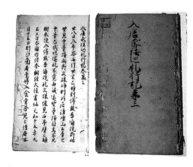

『입당구법순례행기』

위 기록은 엔닌이 쓴 『입당구법순례행기』에 나오는 추석 명절에 대한 내용입니다. 추석의 유래를 설명하는 재당 신라인들의 말을 보면 이상한 내용이 있습니다. 신라가 발해와 싸워 이겼기 때문에 이를 기념하여 명절을 삼았다는 것이죠. 이것은 엔닌이 일본인, 즉 외국인이었기 때문에 쉽게 설명하기 위해 고구려를 발해라고 한 것입니다. 모두 알다시피 신라는 고구려를 멸망시키고 삼국 통일을 했습니다. 그런데 고구려는 이미 멸망했고, 당시 고구려를 계승한 나라는 발해였기 때문에 외국인인 엔닌에게 고구려를 발해라고 설명했던 것이죠.

이는 뒤에 나오는 '발해는 신라에 토벌되어 겨우 1천 명이 북쪽으로 도망갔다가 후에 되돌아와 옛날대로 나라를 세웠다'는 기록과도 일치합니다. 이 기록의 발해 역시 고구려를 가리킵니다. '고구려가 신라에 토벌되어 도망갔다가 되돌아와 나라를 세운 것이 발해'라고 해야 말이 되는 것이죠. 이것은 당시 재당 신라인들이 바라보는 발해에 대한 인식을 보여줍니다. 재당 신라인들은 발해가 고구려를 계승했다고 보았던 것입니다. 그렇다면 신라인들은 발해를 어떻게 생각했을까요? 먼저 『삼국사기』의 기록을 봅시다.

그러므로 그 문집에 태사시중에게 올린 편지가 있다. 내용은 다음과 같다. (중략) 고구려의 유민들이 서로 모여 북으로 태백산(太白山) 아래에 기대어 나라 이름을 발해라고 했습니다.

이는 최치원이 당나라에 사신으로 가서 태사시중에게 올린 편지의 일부입니다. 그런데 고구려의 유민들이 다시 나라를 세운 것이 발해라고 적혀 있죠. 즉 신라인들 역시 발해는 고구려를 계승한 나라라고 생각했던 것입니다. 일본에서도 발해가 고구려를 계승했다고 보았다는 외교 문서가 『속일본기』에 남아 있습니다.

천황(天皇)은 삼가 고려국왕(高麗國王)에게 문안한다.

여기서 말하는 천황은 일본의 광인(光仁) 천황이고, 고려국왕은 발해의 문왕입니다. 그런데 발해의 왕을 고려국왕, 즉 고구려의 왕이라고 말하고 있죠. 이 외에도 발해와 일본 사이에 오간 외교 문서들에는 발해를 고려, 즉 고구려를 계승한 나라로 인식하고 있는 기록이 많이 남아 있습니다. 이와 같이 발해인 스스로뿐만 아니라 신라인, 재당 신라인, 일본인들까지도 발해는 고구려를 계승한 나라라고 생각했음을 잘 알 수 있습니다. 자신의 나라가 어떤 나라를 계승했다고 생각하는 것은 그 나라의 정체성을 가장 잘 보여 줍니다. 그러나 이것은 주관적이라는 한계가 있고, 주변 나라들의 시선이 더욱 객관적인 정체성을 보여 줍니다. 즉 발해는 주관적으로도 객관적으로도 고구려를 계승한 나라임이 확실합니다.

드라마 〈처용〉

작가: 홍승현 **연출**: 강철우 **방송 연도**: 2014년 OCN 방송

줄거리: 드라마 〈처용〉의 주인공은 '처용'이란 이름의 형사인데, 귀신을 쫓는 퇴마 능력을 가진 것으로 묘사됩니다. 『삼국유사』에 실린 처용 설화의 주인공 '처용'은 용왕의 아들인데, 신라에 정착하여 신라 여인과 결혼해 살고 있었습니다. 그런데 천연두 귀신은 처용의 얼굴이 그려져 있는 집에는 절대 들어가지 않겠다고 약속하며 설화가 끝납니다. 즉 처용이 천연두 귀신을 쫓아내는 것처럼 드라마 〈처용〉의 주인공 역시 귀신을 쫓아낼 능력이 있는 것으로 묘사한 것이죠.

처용은 정말 페르시아의 **왕자였을까?**

처용 설화의 처용이 고대 페르시아의 서사시 '쿠쉬나메'의 주인공과 비슷하다는 주장이 있습니다. '쿠쉬나메'의 주인공은 멸망한 사산 왕조 페르시아의 '아브틴'입니다. 실제로 651년 사산 왕조 페르시아가 멸망하면서 마지막 왕 야즈데게르드 3세는 '피루즈' 왕자를 당나라로 피신시켰습니다. 그러

처용탈

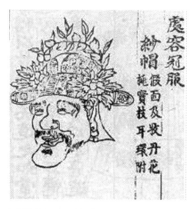
『악학궤범』 속 처용탈

나 당나라의 배신으로 피루즈는 다시 중국을 떠나게 되었는데, 이후의 행방은 알 수가 없습니다. 쿠쉬나메의 아브틴이 피루즈와 동일 인물이라면 피루즈는 당나라를 떠나 신라로 망명했던 것으로 보입니다.

쿠쉬나메에 따르면 아브틴은 사산 왕조 페르시아의 멸망으로 중국에 망명했습니다. 그러다 중국의 왕이 탄압을 가하자 아브틴은 '마친'이란 나라의 왕에게 중국 동쪽의 섬나라들인 바실라(Basilā), 쿠(Kuh), 자지라(Jazira)를 소개받습니다. 그런데 이 나라들의 이름이 공교롭게도 당시 한반도의 신라, 고구려, 백제와 비슷하죠. 바실라는 고대 페르시아어로 '더 좋은'이란 뜻의 '바'와 '실라'라는 나라 이름이 합쳐진 것입니다. '쿠'는 아마도 '고구려'를 말하는 것으로 보입니다. 중국에서는 고구려를 '구려'라고 부르는 경우가 많았는데, 중국어로는 '거우리(gōuli)'라고 합니다. '쿠'와 비슷한 발음이죠. 또한 '자지라'는 '백제'를 말하는 것으로 보입니다. 백제의 원래 국호는 '십제'였는데, 훗날 '백제'로 바뀌었죠. 즉 국호의 핵심은 '제'라는 것을 알 수 있습니다. '제(濟)'는 중국어로 '지(ji)'입니다. '자지라'와 비슷한 발음이죠.

어쨌든 아브틴은 신라를 선택했습니다. 아브틴이 신라에 오자 신라 왕 '타이후르'와 그 아들 '가람'은 아브틴을 환대합니다. 아브틴은 타이후르의 딸 '프라랑' 공주와 결혼을 했죠. 당시 신라 왕 '타이후르'는 누구일까요? 먼저 그 아들 '가람'에 대해 살펴봐야 합니다. 쿠쉬나메에 따르면 가람은 중국이 신라를 침략하자 이를 잘 막아 내고 반격을 하여 중국의 수도까지 점령합니다. 이와 같이 중국과 신라의 전쟁은 나당 전쟁밖에 없습니다. 이 전쟁을 승리로 이끈 왕이 바로 문무왕이죠. 즉 '가람'은 문무왕일 가능성이 높습니다. 그렇다면 '타이후르'는 무열왕 김춘추인 것이죠.

아브틴은 '처용'과 동일 인물일까요? 그것은 아닌 것으로 보입니다. 일단 시기가 맞지 않습니다.

괘릉 무인석: 경주 괘릉을 지키는 무인석은 이슬람인들이 모델이었죠.

아브틴은 무열왕, 문무왕을 전후로 한 시기(7세기)에 신라에 망명한 페르시아인입니다. 그런데 처용은 헌강왕 때 울산항을 통해 들어온 용왕의 아들입니다. 즉 9세기 후반의 인물이죠. 또한 처용은 용왕의 아들인 것에 비해 신라에서 받은 벼슬은 '급간'으로 9등급인데, 처용이 실제 용왕의 아들이었다면 9등급은 너무 낮은 벼슬이죠. 이는 처용이 6두품 정도의 대우만을 받았음을 보여 줍니다. 처용은 공주와 결혼하지도 못했습니다. 단지 아름다운 신라 여인과 결혼했을 뿐이죠. 즉 아브틴은 처용과 전혀 다른 인물입니다. 그러나 쿠쉬나메는 이슬람 세계가 신라와 교류를 한 것이 7세기부터는 시작되었음을 보여 줍니다. 아브틴부터 처용까지 많은 서역인들이 국제결혼을 하며 활발한 교류를 했던 것이죠.

II

고려 시대

1. 민족의 재통일과 광종의 왕권 강화

드라마 〈태조 왕건〉

작가: 이환경 **연출**: 김종선, 강일수 **방송 연도**: 2000년~2002년 KBS1 방송

줄거리: 드라마 〈태조 왕건〉의 주인공은 왕건, 궁예, 견훤입니다. 이 중 가장 먼저 왕이 된 사람이 견훤입니다. 견훤은 원래 경북 상주의 호족이었던 아자개의 아들이었는데, 군인이 되어 세력을 키워 완산주(지금의 전주)를 수도로 하여 후백제를 건국했습니다. 다음으로 왕이 된 사람은 궁예입니다. 원래 신라 왕족이었는데, 어린 시절 왕위쟁탈전에 휘말려 도망치는 과정에서 눈을 다쳐 애꾸눈이 되었다는 이야기가 전해지죠. 스님으로 성장하여 양길이란 도적 집단에 들어가 세력을 키워 결국엔 나라를 세웠는데, 송악(현재 개성)을 수도로 삼아 후고구려를 세웠습니다. 이렇게 통일 신라가 다시 분열되어 신라, 후백제, 후고구려의 세 나라가 경쟁하던 시대를 후삼국 시대라고 합니다.

<태조 왕건>으로 배우는 **고려의 건국과 민족의 재통일**

후삼국 시대를 다시 재통일한 사람이 왕건입니다. 왕건은 송악 지방의 호족으로 궁예의 밑으로 들어가 세력을 키웠습니다. 후고구려의 영토를 확장할 때 큰 공을 세운 장군으로, 현재의 총리라 할 수 있는 시중이 되어 2인자로 성장했습니다. 결국 궁예를 몰아내고 고려를 건국했습니다. 〈태조 왕건〉은 이후 후삼국을 통일하여 민족을 재통일한 영웅이 바로 왕건이라는 사실을 잘 보여 주는 드라마입니다. 사실 왕건이 왕이 된 이유

개태사 무쇠 솥: 충남 논산에 있는 개태사는 왕건의 개국 사찰로서 현재 당시 사용하던 솥이
남아 있습니다.

는 궁예의 가혹한 통치 때문이었습니다. 궁예는 자신이 '미륵(미래에 중생
을 구제하러 오실 부처님)'이라는 과대망상증이 점차 심해지는데, 그 증거가
관심법이었습니다. 먼저 가상 드라마 〈궁예〉의 한 장면을 봅시다.

> 궁예: 나는 미륵관심법을 체득하여 부녀자들이 몰래 간통을 한 것도 알
> 수 있다. 만일 나의 관심법에 걸리는 자가 있으면 곧 엄벌에 처하리
> 라. 경이 어젯밤 사람들을 불러 모아 반역을 꾀한 것은 어찌 된 일
> 인가?
>
> 왕건: (얼굴빛을 변하지 않고 몸을 돌려 웃으며 말하기를) 어찌 그럴 리가 있습
> 니까?
>
> 궁예: 경은 나를 속이지 말라. 나는 관심법을 할 수 있으므로 알 수 있다.
> 내가 이제 입정하여 살핀 후에 그 일을 밝히겠다. (곧 눈을 감고 뒷짐
> 을 지더니 한참 동안 하늘을 우러러본다.)

최응: (일부러 붓을 떨어뜨리더니 뜰에 내려와 주우면서 왕건의 곁을 빠르게 지나면서 작게 말하기를) 복종하지 않으면 위태롭습니다.

왕건: 신이 참으로 반역을 꾀했으니 죄가 죽어 마땅합니다.

궁예: (궁예가 크게 웃으며 말하기를) 경은 정직하다고 할 만하다. (금, 은으로 장식한 안장과 고삐를 내려 주며 이르기를) 경은 다시는 나를 속이지 마시오.

이는 『고려사』의 기록을 바탕으로 만든 가상 드라마입니다. 궁예는 자신이 미륵이라고 주장하면서 관심법, 즉 다른 사람의 마음을 볼 수 있다고 합니다. 그러더니 죄 없는 관료들, 심지어는 부인인 왕비와 아들들까지 역모로 몰아 죽였습니다. 그런데 왜 왕건은 살려 주었을까요? 맞습니다. 궁예가 미륵이라면 곧 부처님이라는 뜻이니, 보통 인간과는 다른 초능력을 보여 주어야 하죠. 궁예는 초능력이 없었고, 그래서 생각해 낸 것이 관심법입니다. 궁예가 관심법으로 역모를 했다고 주장하면 사람들은 모두 극구 부인했지만, 바로 처형을 당하고 말았습니다. 죽은 사람은 말이 없으니까요. 왕건이 최응의 조언을 받아들여 역모를 인정하자, 궁예는 크게 웃으며 정직하다고 오히려 상을 내리며 용서합니다. 자신의 관심법을 처음 인정받았기 때문이죠. 다시 말해 자신을 처음으로 미륵으로 인정해 준 사람이 왕건이었던 것입니다. 다음은 『고려사』를 바탕으로 한 가상 드라마 〈만부교 낙타 사망 사건〉의 한 장면입니다.

(거란에서 사신을 파견하여 낙타 50필을 보냈다.)

왕건: 거란이 일찍이 발해와 지속적으로 화목하다가 갑자기 의심을 일으켜 맹약을 어기고 멸망시켰으니, 이는 매우 무도한 짓이다. 친선관계를

맺어 이웃으로 삼을 수가 없으니, 거란과 교류를 끊고 사신 30인은 섬으로 유배 보내도록 하라!

신하: 거란이 선물로 보낸 낙타는 어떻게 할까요?

왕건: 낙타는 만부교 아래에 매어 두어 모두 굶겨 죽이도록 하라!

942년 거란은 고려에 사신을 파견하면서 낙타 50마리를 선물로 가져 왔습니다. 그런데 왕건은 거란이 발해를 멸망시킨 사건을 들어 거란은 무도한 나라이므로 거란과 외교 관계를 끊으라고 명령합니다. 게다가 사신 30인은 유배를 보내고, 낙타 50마리는 만부교 아래에 묶어 놓고 굶겨 죽이라고 하죠. 왜 그랬을까요?

왕건은 북진 정책을 추진했는데, 목표는 고구려의 옛 땅을 되찾는 것이 었습니다. 고구려의 옛 땅을 차지하고 있는 나라가 바로 거란이었죠. 한 마디로 거란과 싸워 땅을 되찾아야 하는 상황이었습니다. 이러한 목적 에서 추진한 대표적 정책이 서경(현재의 평양)을 북진 정책의 기지로 중시 하고 개발한 것, 또 거란에게 멸망당한 발해 유민들을 포용한 것이었죠. 『고려사』의 기록을 봅시다.

발해국(渤海國)의 세자 대광현(大光顯)이 무리 수만(數萬)을 거느리고 내 투(來投)하자, 성명(姓名)을 하사하여 왕계(王繼)라 하고 종실(宗室)의 족보 에 넣었다.

934년 발해의 왕자 대광현이 발해 유민들을 이끌고 고려로 망명하자 왕건이 대광현에게 왕씨 성을 하사하고, '계'라는 이름도 내려 주었습니 다. 또한 왕실 족보에도 올려 주어 대광현을 왕족으로 대우했음을 알 수 있죠. 왜 이렇게 발해 유민들을 포용했던 것일까요? 발해는 스스로 고구려 계승국임을 자처했고, 주변 국가들도 발해를 고구려 계승국으로 인정했습니다. 그런데 고려 역시 나라 이름을 '고려'로 하면서 고구려 계승국임을 주장했죠. 고려 건국 후 8년 뒤 발해는 거란에게 멸망당했고, 고구려의 옛 땅은 거란의 차지가 되었습니다. 왕건은 생각했을 것입니다. 만약 고려가 발해의 왕자와 유민들을 받아들여 발해가 갖고 있는 고구려의 정통성을 계승한다면, 거란과의 싸움은 남의 땅을 빼앗는 것이 아니라 우리의 옛 땅을 되찾는다는 명분을 갖게 되는 것이라고.

이렇게 하여 발해의 고구려 정통성을 차지한 왕건은 거란이 내민 손을 뿌리쳤습니다. 오히려 사신들을 유배 보내고 선물로 보낸 낙타는 모두 죽여 버리는 것으로 거란에게 모욕을 주었습니다. 그 결과는 당연히 전쟁이어야 했습니다. 애초에는 거란의 침략을 유도하고, 방어전에서 힘이 빠진 거란군을 잘 막아 내어 고구려의 옛 땅을 되찾겠다는 계획이었습니다. 그러나 거란도 이를 간파했는지 고려를 공격하지 않았습니다. 비록 왕건의 꿈은 이루어지지 못했지만, 왕건은 훈요 10조를 통해 '거란(契丹)은 짐승과 같은 나라'라는 유언을 남겨 적개심을 보입니다. 또한 서경은 대업, 즉 북진 정책의 근거지이므로 왕이 100일 이상 머물면서 고구려의 옛 땅을 되찾기 위해 노력하라는 뜻을 전합니다. 결론적으로 왕건은 거란의 침략을 유도하여 고구려의 옛 땅을 되찾으려는 목적으로 거란이 보낸 낙타를 굶겨 죽였던 것입니다.

드라마 〈제국의 아침〉

작가: 이환경 **연출:** 김형일, 전성홍 **방송 연도:** 2002년~2003년 KBS1 방송

줄거리: 드라마 〈제국의 아침〉의 주인공은 광종입니다. 광종은 자신의 형들이 젊은 나이에 의문의 죽음을 당하는 것을 목격했습니다. 당연히 형들처럼 비운의 국왕이 되고 싶지 않았겠죠? 방법은 왕권을 강화하는 수밖에 없었습니다. 〈제국의 아침〉은 광종이 호족들의 반발을 억누르며 왕권 강화 정책을 펼치는 과정을 묘사한 드라마입니다.

〈제국의 아침〉으로 배우는 **광종의 왕권 강화**

〈제국의 아침〉에서 왕건이 죽음을 맞이하는 장면을 떠올려 보세요. 왕비 29명이 임종을 지키는 모습을 보여 주며 왕건 사후 왕위쟁탈전이 벌어질 수밖에 없었음을 암시합니다. 왕건은 왜 29명이나 되는 여인들과 결혼을 했을까요? 왕건은 고려를 건국하면서 왕권을 강화하려면 호족들의 지지를 얻어야 한다고 생각했습니다. 이에 유력한 호족들의 딸과 의도적으로 결혼하여 호족들을 장인으로 삼는 정략결혼을 정책으로 삼았습니다.

이러한 정략결혼은 왕건 사후 왕위쟁탈전으로 이어졌습니다. 왕건의 뒤를 이어 큰아들 혜종이 즉위했습니다. 혜종의 어머니는 왕건의 둘째 부인 장화왕후 오씨로 나주 지방 호족의 딸이었습니다(첫째 부인은 신혜황후

유씨로 자식이 없었죠). 왕건이 '그 어머니(장화왕후)가 미천해 왕위를 물려받지 못할까 걱정'했다는 『고려사』의 기록을 볼 때, 세력이 미약했던 호족의 딸이었던 것으로 보입니다. 실제로 혜종은 즉위한 지 2년여 만에 왕규의 난 과정에서 의문의 죽음을 당하게 됩니다. 『고려사』를 봅시다.

왕이 중광전(重光殿)에서 훙서하니, 왕위에 있은 지 2년이고 나이는 34세였다. 왕은 도량이 넓고 지혜와 용기가 뛰어났으나, 왕규(王規)가 반역을 꾀한 뒤로 의심하고 꺼리는 것이 많아져 늘 갑사(甲士)들로 자신을 지키게 했다.

이는 945년 9월 15일의 기록입니다. 왕규가 역모를 꾀했는데, 이에 놀란 혜종은 호위 부대가 항상 자신을 경호하도록 했다는 것이죠. 그러다가 945년 9월 15일 34세의 젊은 나이로 죽고 만 것입니다. 그다음 날인 16일에는 『고려사』에 다음과 같은 기록이 보입니다.

왕규(王規)가 역모(逆謀)를 꾀하다가 복주(伏誅)되었다.

혜종이 죽은 다음 날 왕규가 역모 혐의로 처형되었다는 것입니다. 만약 왕규가 난을 일으켜 혜종이 죽었다면 왕규가 권력을 잡았을 가능성이 큰데, 오히려 왕규가 처형을 당한 것이죠. 이것은 혜종을 죽인 진범이 다른 사람일 가능성을 보여 줍니다. 또한 혜종은 왕건과 함께 전쟁터에 나가 공을 세울 정도로 무술이 뛰어났는데, 『고려사절요』의 기록을 통해서도 그 실력을 알 수 있습니다.

왕규가 광주원군을 왕으로 세우려고 도모하여, 일찍이 밤에 왕이 깊이 잠들었는가를 엿보고 자기편을 보내어 몰래 왕의 침실 안으로 들어가 왕을 해치려고 했는데, 왕이 잠에서 깨어나 한주먹으로 그들을 때려죽이고 측근에서 시중하는 신하를 시켜 끌어내게 하고는 다시 묻지 않았다.

왕규가 혜종을 죽이기 위해 자객들을 보냈는데, 오히려 혜종은 자객들을 때려죽였다는 것입니다. 자객들이 몇 명인지는 알 수 없지만, 혜종이 칼을 든 최소 두 명 이상의 자객들을 맨손으로 때려죽일 정도로 무술 실력이 출중했음을 알 수 있죠. 이렇게 건강했던 혜종이 왕규의 난 과정에서 갑자기 사망한 것은 뭔가 이상합니다. 게다가 혜종이 죽은 다음 날 왕규가 역모죄로 처형당합니다. 혜종이 죽은 다음 날 왕규 역시 처형당했다면 범인은 이 상황에서 가장 큰 이익을 본 사람일 것입니다. 누굴까요? 맞습니다. 혜종의 뒤를 이어 왕위에 오른 정종입니다. 정종은 왕건의 셋째 부인이었던 신명왕후 유씨의 아들로 혜종과는 배다른 형제였습니다. 정종이 왕이 되기 위해 혜종 암살에 성공하고 왕규에게 그 죄를 뒤집어씌웠을 가능성이 매우 크죠. 그러나 정종 역시 재위 5년 만인 948년 27세의 나이에 죽었습니다. 이 죽음에도 이상한 점이 있습니다. 다시 『고려사』를 봅시다.

갑자기 우레가 치며 비가 내렸으며, 물건을 관리하는 사람들에게 번개가 내리치고 또 전각 서쪽 모퉁이도 번개가 내리쳤다. 왕이 크게 놀라자 근신(近臣)들이 부축하여 중광전(重光殿)으로 들었는데, 드디어 편찮게 되자 사면령을 내렸다.

948년 정종이 동여진에서 보낸 말 등을 살펴던 중 갑자기 천둥 번개가 쳤는데, 이에 놀란 후 정종이 아프기 시작했다는 것입니다. 이후 병이 계속되다가 949년 결국 죽고 말았는데, 정종이 죽었다는 말이 들리자 '역부(役夫)들이 기뻐 날뛰었다'고 합니다. 즉 부역을 하던 백성들이 기뻐할 정도로 정종이 민심을 잃었다는 것이죠. 결국 왕위는 같은 어머니에게서 태어난 광종이 잇게 됩니다.

광종이 왕권 강화를 위해 실시한 대표적인 정책이 노비안검법입니다. 호족의 세력을 약화시키기 위해서였습니다. 노비안검법에 대한 『고려사절요』의 기록을 살펴봅시다.

노비(奴婢)를 상세히 조사하고 살펴서[按檢] 옳고 그름을 따져 밝혀내도록 명했다. 주인을 배반하는 노비들이 이루 다 셀 수가 없을 정도였다. 이로 말미암아 상전(上典)을 능멸하는 풍조가 크게 일어나 사람들이 모두 탄식하고 원망하므로 왕비가 간절하게 간언했으나, '왕이' 받아들이지 않았다.

광종 7년의 기록으로 노비안검법을 실시하자 노비들이 주인을 배신하고 능멸하는 풍조가 일어났고, 왕비(대목왕후)가 반대했지만 광종이 이를 거부했다는 것입니다. 이를 통해 우리는 당시 호족들이 노비안검법에 저항했고, 그 중심에는 대목왕후가 있었음을 알 수 있습니다. 광종이 주인공으로 나온 드라마 〈빛나거나 미치거나〉, 〈달의 연인〉 등에서 광종과 대목왕후가 서로 갈등을 일으키는 정적으로 묘사되었는데, 이와 같은 배경에서 나온 장면들입니다. 어쨌든 노비안검법을 실시하자 호족들은 반발했고, 노비에서 해방된 백성들은 국가에 세금을 내고 군역을 지면서 국

관촉사 석조미륵보살입상: 충남 논산 소재.
광종 때 만들어졌습니다.

가 재정과 국방력이 강화되었습니다. 당연히 왕권은 강화되었죠.

광종이 왕권을 강화한 또 하나의 정책이 과거제입니다. 고려는 호족 출신인 왕건을 중심으로 호족들이 연합하여 세운 나라입니다. 당연히 고위 관리들 역시 호족들의 차지였고, 아버지 덕분에 고위 관리가 된 사람들이 국왕에게 충성할 리가 없었습니다. 그래서 광종은 과거제를 실시하여 능력을 중심으로 인재를 등용했고, 기존의 호족 세력은 국왕에게 충성

할 새로운 세력으로 교체되었습니다. 다음은 가상 드라마 〈국제인 쌍기〉의 한 장면입니다.

쌍기: 폐하, 저는 후주에서 온 쌍기라고 하옵니다.

광종: 짐은 호족들이 자리를 차지하고 있는 지금의 조정을 바꾸고 싶다. 짐에게 충성할 수 있는 인재들을 뽑고 싶은데, 좋은 방법이 있는가?

쌍기: 예, 있습니다. 중국에서는 수나라 때부터 과거제를 실시하여 능력 있는 인재들을 뽑아 귀족들을 견제하고 있사옵니다.

광종: 좋은 생각이구나. 쌍기를 지공거(과거시험을 주관하는 관리)로 임명하여 과거제를 실시하도록 하라.

광종에게 과거제 실시를 건의한 쌍기는 중국 5대 10국 시대의 혼란기에 후주에서 고려로 건너와 광종을 도운 대표적인 신하입니다. 중국인으로 고려에 귀화하여 광종의 왕권 강화를 보좌한 국제적인 인물이죠. 드라마 〈제국의 아침〉에서도 광종의 왕권 강화 정책을 돕는 쌍기의 활약상을 잘 묘사했습니다.

2. 거란과의 항쟁과 문벌 귀족 사회의 동요

드라마 〈천추태후〉

작가: 손영목, 이상민 **연출**: 신창석, 황인혁 **방송 연도**: 2009년 KBS2 방송

줄거리: 드라마 〈천추태후〉의 배경은 고려 경종부터 현종 시기까지입니다. 성종 때는 거란의 1차 침입, 현종 때는 거란의 2차 침입, 3차 침입이 있었습니다. 주인공 천추태후는 태조 왕건의 손녀로 태어나 5대왕 경종의 세 번째 왕비가 되었고, 경종과의 사이에서 7대 왕 목종을 낳았습니다. 그런데 6대 왕으로는 천추태후의 오빠인 성종이 즉위합니다. 성종이 후사가 없자 7대 왕 목종이 즉위하여 천추태후가 왕의 어머니로서 섭정을 시작합니다.

〈천추태후〉로 배우는 거란의 침입과 항쟁

거란의 1차 침입을 격퇴한 영웅은 서희입니다. 이른바 '서희의 담판'으로 소손녕이 이끌고 온 거란의 군대를 돌려보내고 오히려 강동 6주의 영토를 확장하는 큰 공을 세웠습니다. 『고려사』의 기록을 바탕으로 한 가상 드라마 〈서희의 담판〉을 살펴봅시다.

소손녕: 내가 큰 조정의 귀인이니, 네가 마땅히 뜰에서 절을 해야 한다.

서희: 신하가 군주에게 아래에서 절을 올리는 것은 예의지만, 두 나라의 대신이 서로 만나는데 어찌 이와 같이 할 수 있겠소?

(두세 번 절충하려 왔다 갔다 했지만, 소손녕은 허락하지 않았다. 서희가 노하여

서희와 소손녕의 담판을 묘사한 동상

돌아와 관사에 드러누운 채 일어나지 않으니, 소손녕은 마음속으로 그를 기이하게 여기고 마침내 허락하여 마루로 올라와 대등하게 예를 행하도록 했다. 이에 서희는 군영의 문에 이르자, 말에서 내려 안으로 들어갔다. 소손녕과 뜰에서 서로 절하고 마루로 올라가 예법에 맞게 행하고 동서로 마주 앉았다.)

소손녕: 너희 나라는 신라 땅에서 일어났고, 고구려 땅은 우리 것인데, 너희들이 침범해 왔다. 또한 우리와 국경을 접하고 있는데도 바다를 넘어 송(宋)을 섬기기 때문에, 오늘의 출병이 있게 된 것이다. 만약 땅을 분할해 바치고 조빙(朝聘)에 힘쓴다면, 무사할 수 있을 것이다.

서희: 그렇지 않다. 우리나라가 바로 고구려의 옛 땅이기 때문에, 국호를 고려라 하고 평양에 도읍을 정하였다. 만일 국경 문제를 논한다면, 요(遼)의 동경(東京)도 모조리 우리 땅에 있는데, 어찌 우리가 침범해 왔다고 말하는가? 게다가 압록강 안팎 또한 우리 땅인데, 지금 여진이 그 땅을 훔쳐 살면서 완악하고 교활하게 거짓말을 하면서

길을 막고 있으니, 요로 가는 것은 바다를 건너는 것보다 더 어렵다. 조빙이 통하지 않는 것은 여진 때문이니, 만약 여진을 쫓아내고 우리의 옛 영토를 돌려주어 성과 보루를 쌓고 도로를 통하게 해 준다면, 어찌 감히 조빙을 하지 않겠는가? 장군께서 만일 나의 말을 천자께 전달해 준다면, 어찌 천자께서 애절하게 여겨 이를 받아들이지 않겠는가?

(거란의 황제가 고려의 요구를 허락했고, 소손녕이 서희에게 낙타 10마리, 말 100필, 양 1,000마리, 비단 500필을 선물로 주었다. 성종이 크게 기뻐하며 강가에 나가 서희를 맞이했다. 성종 13년에 서희가 군사를 거느리고 여진을 쫓아내고, 강동 6주에 성을 쌓았다.)

이 장면과 같이 서희는 소손녕과 첫 만남을 준비하면서부터 기 싸움을 벌였습니다. 소손녕은 거란이 큰 나라이므로 서희에게 마루 아래 뜰에서 먼저 절을 올리라고 요구했지만, 서희는 같은 신하끼리 그럴 수는 없다고 버티죠. 소손녕은 어쩔 수 없이 대등한 예를 행하고 드디어 담판이 시작되었습니다. 먼저 소손녕은 궤변을 늘어놓습니다. 고려는 신라의 계승국이므로 고구려 땅을 갖고 있는 요나라의 영토를 고려가 침범하고 있다고 주장하더니, 드디어 본심을 드러냅니다. 왜 가까운 요나라를 멀리하고 바다 건너 송나라와 친하게 지내느냐는 것이었습니다. 서희 역시 물러서지 않았습니다. 고려의 국호는 고구려를 계승했으며, 고려의 수도도 서경, 즉 고구려의 수도 평양을 계승한 사례를 들어, 오히려 요나라가 고려의 영토를 침범하고 있다고 반격했습니다. 그리고 거란과 고려 사이에 여진족이 가로막고 있으니 이를 몰아낸다면 요나라와 친하게 지낼 것임을 약속했습니다. 이후 거란군은 돌아가고, 서희는 여진족을 쫓아내고 강동 6주를 확보하여 압록강까지 고려의 영토가 확장되었습니다.

거란의 원래 목적은 고려와 송의 관계를 끊고 송을 압박하려는 것이었습니다. 그러나 고려는 송나라에 사신을 보내 거란의 강요로 어쩔 수 없이 거란과 외교 관계를 맺었음을 설명할 정도로 송과의 관계를 지속했습니다. 이에 불만을 품은 거란은 고려를 다시 침략할 명분을 찾고 있었습니다. 1009년 강조가 목종을 몰아내고 현종을 즉위시킨 이른바 '강조의 정변'이 일어났습니다.

드라마 〈천추태후〉에서 사랑하는 연인 관계로 미화했던 천추태후와 김치양은 실제로는 둘 사이에 태어난 아들을 왕으로 만들기 위한 음모를 꾸몄습니다. 결국 이러한 혼란 속에 강조의 정변이 일어나 목종은 죽고, 현종이 즉위했습니다. 김치양과 그 아들은 처형당했고, 천추태후는 고향인 황주에 가서 살다가 현종 20년에 사망합니다. 한편, 강조의 정변을 구실로 거란은 2차 침입을 했고, 현종은 개경을 떠나 나주까지 도망을 갔

강감찬 동상

습니다. 고려가 화의를 요청하자, 거란군은 화의를 맺고 돌아가다 양규의 공격을 받아 큰 타격을 입었습니다. 1018년에 거란은 3차 침입을 벌였는데, 강감찬이 이끈 고려군에 의해 10만 대군 중 살아 돌아간 사람이 수천 명에 불과했습니다. 이를 귀주대첩이라고 합니다. 거란의 정예군이 궤멸된 이 사건으로 거란은 더 이상 침략을 포기하게 되었고, 고려, 거란, 송은 평화 관계를 유지하게 되었습니다.

드라마 〈도깨비〉

작가: 김은숙 **연출:** 이응복 **방송 연도:** 2016년~2017년 tvN 방송

줄거리: 드라마 〈도깨비〉에서 주인공 '도깨비'는 원래 고려 시대의 '김신'이라는 장군이었습니다. 김신 장군은 오랑캐를 물리치고 돌아온 개선장군이었는데, 오히려 돌아오자마자 왕에게 역적으로 몰려 처형당하게 되었죠. 그리고 '도깨비'로 부활하여 가슴에 칼이 꽂힌 채 죽지도 못하고 939살(2016년 당시 극중 나이)이 넘을 때까지 살게 되었던 것입니다.

〈도깨비〉로 배우는 문벌 귀족 사회의 동요

드라마 〈도깨비〉의 김신 장군이 실존 인물 윤관을 모델로 했다는 이야기가 있습니다. 왜일까요? 우선 2016년에서 김신의 나이를 빼면 1077년입니다. 1107년(예종 2년) 별무반을 이끌고 여진족을 정벌한 후 동북 9성을 쌓아 영토를 확장한 장군이 바로 윤관입니다. 윤관의 출생 연도는 기록에 없지만, 1077년에 태어났다면 1107년에는 30세가 됩니다. 극중 김신의 나이와 비슷하죠. 또한 김신은 역적으로 몰려 죽게 되는데, 윤관 역시 비슷한 처지를 당했던 기록이 있습니다. 『고려사』를 봅시다.

"윤관 등이 함부로 명분 없이 군사를 일으키고도 싸움에 져서 나라에 해를 끼쳤으니 죄를 용서할 수 없습니다. 청컨대 하옥[下獄]하도록 하소서"

라고 했다. 왕이 심후에게 명령하여 '그들을' 타이르게 하며 말하기를, "두 원수(元帥)가 명령을 받들어 군사를 내었으며, 옛날부터 전쟁에는 이기고 지는 것이 있는데 어찌 죄라 하겠는가?"라고 했다. 김연 등이 또 간쟁을 그치지 않으니, 왕이 어쩔 수없이 관직을 그만두게 하고 공신 칭호를 박탈했다.

척경입비도: 윤관이 동북 9성을 쌓고 국경을 표시하는 비석을 세우는 장면입니다.

이는 동북 9성을 여진족에게 돌려주게 되자 그 책임을 윤관에게 돌려 감옥에 가두도록 탄핵하는 내용입니다. 예종은 윤관의 편을 들었지만 윤관을 탄핵하는 간쟁이 계속되자 결국 관직에서 쫓아내고 공신 칭호도 박탈했다는 것이죠. 1110년 다시 관직에 복귀하지만 1111년 사망하고 맙니다. 이러한 상황을 보면 윤관은 여진족을 정벌하고 동북 9성을 쌓아 영토를 확장하여 영웅이 되었지만, 여진족에게 동북 9성을 돌려주는 과정에서 반대파의 공격을 받아 감옥에 갈 위기에 처했던 것이죠. 즉 김신처럼 처형을 당하지는 않았지만, 개선장군이 역적으로 몰린 상황은 비슷한 것입니다.

한편, 김신의 실존 인물이 척준경이라는 주장도 있습니다. 척준경은 윤관이 1108년 여진족에게 포위되어 큰 위기에 빠졌을 때 이를 구한 무술의 달인이었는데,『고려사』의 기록을 바탕으로 한 가상 드라마 〈척준경〉의 한 장면을 봅시다.

(적이 나무가 우거진 곳 사이에서 매복하고 있다가 윤관의 군대가 이르기를 기다려 갑자기 공격하니 윤관의 군사가 모두 궤멸되고 간신히 10여 명만 남았다. 적이 윤관 등을 여러 겹으로 포위했고, 오연총은 화살에 맞아 형세가 매우 위급했다. 척준경이 용사 10여 명을 이끌고 와서 그들을 구원하려 했다.)

척준신(척준경의 동생): 적진이 견고하여 깨뜨릴 수 없으니 헛되이 죽는 것이 무슨 이득이 있겠습니까?

척준경: 너는 돌아가서 늙은 아버지를 모셔야 하지만, 나는 몸을 나라에 바쳤으니 의리상 그만둘 수 없다. (크게 소리를 지르며 적진으로 돌진하여 구원하니 적이 포위를 풀고 도망했다.)

윤관: (울면서 척준경의 손을 잡고 말하기를) 지금부터 나는 너를 아들과 같이 여길 것이니, 너도 당연히 나를 아버지처럼 여기라.

윤관 동상

1107년 여진족 정벌 이후에도 여진족들은 계속 고려에 반격을 했습니다. 1108년에는 여진족의 포위로 윤관이 죽을 위기에 빠졌는데, 척준경이 이끄는 10여 명의 구원군이 윤관을 구출했어요. 위 장면처럼 윤관은 울면서 척준경의 손을 잡고 부자지간(아버지와 아들 사이처럼 가까운 관계)을 맹세했습니다. 척준경은 이 외에도 소수의 인원으로 적들을 물리쳐 큰 공을 많이 세웠는데, 〈도깨비〉에서 묘사된 김신의 활약과 비슷합니다. 이후 척준경은 이자겸의 난 과정에서 이자겸을 배신하고 인종의 편을 들어 이자겸을 제거했지만, 다시 인종의 배신으로 탄핵되어 유배를 갔다가 병사한 인물입니다. 어린 왕에게 배신당해 죽은 김신과 비슷한 측면이 있죠. 결론적으로 김신은 실존 인물 윤관과 척준경을 조합하여 만든 인물인 듯합니다. 뛰어난 무술로 외적을 물리친 영웅이었지만 간신들과 왕의 배신으로 죽임을 당했고, 그 원한으로 되살아나 죽지도 못하는 도깨비가 되었다는 이야기에 역사 속 비운의 실존 인물들이 떠오릅니다. 다음은 『고려사』 세가 충선왕 복위년(1308)의 기사입니다.

> 신라의 왕손인 김혼(金琿)의 집안은 또한 순경태후(順敬太后)와는 큰집과 작은집의 관계이며, 언양 김씨(彦陽金氏) 일족, 정안 임태후(定安任太后) 일족, 경원 이태후(慶源李太后)와 안산 김태후(安山金太后), 철원 최씨(鐵原崔氏), 해주 최씨(海州崔氏), 공암 허씨(孔岩許氏), 평강 채씨(平康蔡氏), 청주 이씨(淸州李氏), 당성 홍씨(唐城洪氏), 황려 민씨(黃驪閔氏), 횡천 조씨(橫川趙氏), 파평 윤씨(坡平尹氏), 평양 조씨(平壤趙氏)는 다 여러 대에 걸친 공신과 재상의 종족으로 대대로 혼인할 만한 집안이니, 그 집안의 남자는 왕족의 딸에게 장가가고 딸은 왕족의 비(妃)가 될 수 있다.

고려 지배층의 변화

호족 → 문벌 귀족 → 무신 → 권문세족 → 신진 사대부위 기록의 집안들은 권문세족(權門勢族)으로 고려 후기의 지배층을 가리킵니다. 무신정권 시기에 형성되기 시작하여 원 간섭기 이후 고려 후기의 귀족들이죠. 충선왕은 위의 교서를 통해 왕실과 혼인할 수 있는 가문인 재상지종(宰相之宗)을 정했는데, 이들 15개 가문이 곧 권문세족입니다. 이들을 구체적으로 살펴보면 고려 전기 이래 계속 권력을 유지한 문벌 귀족 가문인 경주 김씨, 정안 임씨, 경원 이씨, 안산 김씨, 철원 최씨, 해주 최씨, 공암 허씨, 청주 이씨, 파평 윤씨, 무신 정권 시기에 무신으로서 득세한 가문인 언양 김씨, 평강 채씨, 능문능리 즉 '문학에도 능하고 행정실무에도 능한' 신관인층으로 성장한 가문인 당성 홍씨, 황려 민씨, 횡천 조씨, 친원세력으로 성장한 가문인 평양 조씨 등입니다. 15개 가문에 포함되지는 않았지만 이 외에도 안동 김씨, 광산 김씨, 안동 권씨, 행주 기씨, 칠원 윤씨 등이 당대의 대표적인 권문세족이었습니다.

이러한 폐쇄적 혼인관계를 이용한 권력층들의 네트워크는 고려 전기 문벌 귀족부터 시작되었습니다. 이들은 정치적, 경제적 특권을 소수의 귀족들만이 차지하기 위해 폐쇄적 혼인관계를 이용했습니다. 해주 최씨의 경우 10여 대에 걸쳐서 6명의 문하시중과 10여 명의 재상을 내었으며, 왕족과 혼인관계에 있었던 경원 이씨, 경주 김씨 등 문벌 귀족들과도 중첩된 혼인관계를 맺었습니다. 경원 이씨 가문은 왕실과 대대로 혼인하며 10명의 왕비를 내었으며, 10여 대에 걸쳐서 5명의 문하시중과 20여 명의 재상을 배출했습니다. 이들은 위에 살펴본 바와 같이 무신정변의 태풍도 견디고, 원 간섭기까지 권문세족으로 그 위세를 유지했습니다.

인종 때 송나라 사신으로 고려에 왔었던 서긍은 『고려도경』에 "고려는 본래부터 족망(族望)을 숭상하고 국상(國相)은 거개 훈척(勳戚, 나라에 공이 있는 사람과 임금의 친척)을 임용한다"라고 기록했습니다. 이와 같이 고려의 귀족들은 폐쇄적 통혼권을 형성했고, 과거 또는 음서로 관직에 나아가 고위직에까지 올라갔으며, 대대손손 문벌 귀족 가문으로 성장했고, 무신정변, 몽골 침략 등 어떤 정치적 격변기에도 그 권력을 유지했던 것입니다.

특히 이자겸의 집안인 경원 이씨 가문은 당시 고려의 가장 대표적인 문벌 가문으로서, 이자겸 때까지 80여 년간 계속 왕비를 배출하면서 막강한 권력을 휘둘렀습니다. 이자겸은 예종에게 둘째 딸을 시집보내 왕의 장인이 되었고, 예종이 죽고 14세의 어린 인종을 즉위시킨 후 셋째 딸과 넷째 딸을 인종에게 시집보냅니다. 결국 인종은 자신의 이모들과 결혼하게 되었고, 이자겸의 둘째 딸과 셋째 딸, 넷째 딸은 자매간이면서 동시에 시어머니와 며느리 사이가 되는 것입니다.

고려 때 아무리 근친혼이 성행했다고 하더라도 이는 이자겸이 얼마나 권력에 눈이 멀었는지를 보여 줍니다. 오랫동안 권력을 잡아 온 이자겸의 권력욕이 얼마나 강했는지도 짐작되죠. 이렇게 막강한 힘을 갖게 되자 이자겸은 왕이 되고 싶은 욕심을 품었고, 이를 실행에 옮긴 것이 바로 이자겸의 난입니다.

〈도깨비〉에는 오랑캐를 물리치고 돌아온 김신 장군을 죽이기 직전에 김신의 여동생이자 왕비인 김선이 활을 맞고 죽는 장면이 나옵니다. 간신배들이 국왕에게 김신과 김선을 역적으로 모함한 것입니다. 여기서 김신의 집안은 국왕과 혼인관계를 맺은 문벌 귀족이었습니다. 오랑캐를 물리치고 공을 세우며 영웅이 된 김신의 세력이 점점 커지자 국왕이 김신의 가문을 제거했던 것이죠. 드라마의 경우와는 약간 다르지만, 이자겸의 난이 실패한 후 인종의 왕비였던 이자겸의 셋째 딸과 넷째 딸은 모두 폐비가 되어 궁궐 밖으로 쫓겨났습니다.

이와 같이 자신들의 권력을 강화하기 위해 귀족들끼리 정략결혼을 하고, 왕실과의 혼인관계를 유지하기 위해 근친혼까지 했다는 것은 귀족들의 부도덕성을 보여 주는 증거입니다. 이러한 도덕적 타락의 바탕에는 권력에 대한 끝없는 욕심이 있습니다. 이자겸의 난이 실패로 끝났다는 것은 부도덕한 권력은 결국 멸망할 수밖에 없다는 교훈을 잘 보여 줍니다.

3. 무신의 집권과 고려의 멸망

드라마 〈무인시대〉

작가: 유동윤 **연출**: 윤창범, 신창석 **방송 연도**: 2003년~2004년 KBS1 방송

줄거리: 드라마 〈무인시대〉는 1170년 무신정변으로 시작된 무신정권이 최충헌의 최씨 정권으로 이어지는 과정을 다루었습니다. 정권을 장악한 무신들은 의종을 쫓아내고 명종을 왕으로 삼았는데, 명종은 허수아비였을 뿐이고 실권은 무신들이 장악했습니다. 무신들은 무신들의 회의 기관이었던 중방을 통해 권력을 행사했습니다. 그러나 최고 권력자는 권력 투쟁으로 계속 바뀌었는데, 처음에는 정중부가 권력을 잡았습니다. 다시 경대승이 정중부를 죽이고 권력을 잡았지만 5년 만에 병에 걸려 죽었습니다. 이 틈을 타 이의민이 다시 권력을 잡았고, 결국엔 최충헌이 이의민을 죽이고 최씨 정권을 시작했습니다.

<무인시대>로 배우는 무신집권 시대

무신정변의 원인은 무엇이었을까요? 가상 드라마 〈수박희에서 시작된 무신정변〉의 한 장면을 봅시다.

> (의종이 보현원으로 행차하는 길에 술을 마셨다.)
>
> 의종: (술자리가 흥겨워지자 좌우를 돌아보면서 말하기를) 좋구나! 이곳은 군사들을 훈련시키기에 좋겠구나! 오병수박희(五兵手搏戱)를 시행하라!
>
> (대장군 이소응은 수박희를 하다가 이기지 못하자 도망갔다. 한뢰가 갑자기 앞으

로 나가서 이소응의 뺨을 때리니 이소응이 계단 아래로 떨어졌다. 왕과 여러 신하들이 손뼉을 치고 크게 웃었다. 그러자 정중부 등은 놀라서 얼굴색이 변하고 서로 눈짓을 했다.)

정중부: (성난 목소리로 한뢰에게 따지기를) 이소응이 비록 무인이기는 하나 벼슬이 3품인데 어째서 이처럼 심하게 모욕을 하는가?

(왕이 정중부의 손을 잡고 위로하면서 달래었다. 이고가 칼을 빼 들고 정중부에게 눈짓을 했지만, 정중부는 이를 그만두게 했다. 날이 저물면서 어가[御駕. 왕의 가마]가 보현원에 도착하자, 무신들이 정변을 일으켰다. 한뢰는 친한 환관의 도움으로 어상[御床, 왕의 침대] 아래로 숨어 들어갔다.)

의종: 한뢰를 죽이지 말라!

정중부: 화근은 한뢰인데도, 오히려 왕 옆에 있습니다. 그를 내보내서 죽이기를 청합니다.

(한뢰가 왕의 옷을 잡고 어상에서 나오지 않았다. 이고가 칼을 빼 들고 위협하니 그제야 한뢰가 나왔으며 즉각 그를 죽였다. 많은 문관들이 모두 해를 당하니, 시체가 산처럼 쌓였다.)

위 장면들은 『고려사』를 바탕으로 했습니다. 의종은 보현원이란 절에 연못을 만들고 자주 연회를 베풀었는데, 이곳에서 무신정변이 일어났습니다. 의종은 실정을 일삼으며 문신들과 연회를 즐길 뿐이었습니다. 무신들은 그 주변을 지키는 신세였습니다. 차별 대우에 무신들의 분노가 심상치 않은 상황이었는데, 의종은 보현원에 가던 길에 또다시 술을 마시고 군사들에게 오병수박희를 겨루도록 했습니다. 오병수박희는 전통무술인 태견, 태권도의 기원으로 알려져 있죠. 이 무술 대결에서 상장군 이소응이 지자 의종의 총애를 받던 간신 한뢰가 이소응의 뺨을 때리며 모욕을 한 것입니다. 게다가 의종과 문신들은 이를 보고 비웃기까지 했습니다. 가장 높은 무신이었던 정중부가 이에 항의하자 의종이 달래었고, 일단은 넘어갔습니다.

수박희: 고구려 무용총에 그려진 수박희 그림

무신정권의 변화

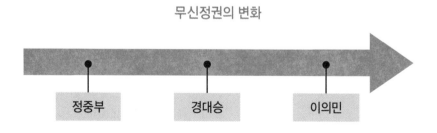

정중부   경대승   이의민

그러나 분노한 무신들은 정변을 일으키기로 결심했습니다. 보현원에 도착하자마자 문신들을 죽이기 시작했죠. 이에 한뢰는 의종의 침실로 도망가 왕의 침대 밑에 숨었고, 의종 역시 한뢰를 죽이지 말라고 어명을 내렸습니다. 하지만 정중부는 한뢰를 죽여야 한다고 했고, 이고가 한뢰를 끌어내어 결국엔 죽여 버렸죠. 무신정변으로 죽은 문관들의 시체가 산처럼 쌓였을 정도입니다. 무신 정권의 최고 권력자는 정중부, 경대승, 이의민을 거쳐 최충헌에 이르고 최씨 정권으로 이어집니다. 다음은 『고려사』를 바탕으로 한 가상 드라마 〈만적〉의 반란 모의 장면입니다.

> 만적: 국가에서 경인년(1170)과 계사년(1173) 이래로 높은 관직도 천한 노예에서 많이 나왔으니, 장상(將相, 장군과 재상)에 어찌 타고난 씨가 있겠는가? 때가 되면 누구나 차지할 수 있는 것이다. 우리들이라고 어찌 뼈 빠지게 일만 하면서 채찍 아래에서 고통만 당하겠는가?
>
> 노비들: 그렇다.
>
> 만적: 우리가 흥국사에서 한꺼번에 집결하여 북을 치고 고함을 치면, 궁궐 안의 환관들이 모두 호응할 것이며, 관노(官奴, 관청에서 일하는 노비)는 궁궐 안에서 나쁜 놈들을 죽일 것이다. 우리가 성안에서 벌떼처럼 일어나, 먼저 최충헌을 죽인 뒤 각기 자신의 주인을 죽이고 천적(賤籍, 노비들의 이름을 기록한 문서)을 불태워 그리하여 삼한(三韓, 우리나라)에서 천인을 없애면, 공경장상(公卿將相, 높은 벼슬)이라도 우리가 모두 할 수 있을 것이다.

만적은 최충헌의 사노비였습니다. 1196년 이의민을 죽이고 집권한 최충헌의 사노비였던 만적은 1198년 위 장면처럼 반란을 모의했다가 발각되어 처형당했습니다.

왜 '만적의 난'을 '신분해방운동'이라고 평가하는 걸까요? 만적이 꿈꾼 세상은 천인, 즉 노비가 없는 세상이었습니다. 만적은 지배층인 주인들을 죽이고, 노비 문서인 천적(賤籍)을 불태워 없애 버리면 신분제가 없는 평등한 세상이 될 것이라고 생각했습니다. 지배층과 노비들이 없어지면 자

유민, 즉 평민들만 남기 때문이죠. 다시 말해 만적이 최충헌을 죽이고 자신이 권력을 잡는 것만을 목표로 했다면 단순한 '정변'에 불과했을 테지만, 만적은 신분에 상관없이 누구나 높은 관리가 될 수 있는 기회가 균등한 세상을 꿈꿨던 것입니다. 그래서 만적의 난을 '신분해방운동'으로 평가할 수 있는 것입니다.

드라마 〈무신〉

작가: 이환경 **연출:** 김진민, 김흥동 **방송 연도:** 2012년 MBC 방송

줄거리: 드라마 〈무신〉의 주인공은 무신 '김준'입니다. 김준은 최씨 정권의 실력자로 성장했지만, 삼별초를 중심으로 최씨 정권의 마지막 권력자인 최의를 죽이고 권력을 잡았습니다. 그 후 임연에게 죽임을 당하며 비극적인 최후를 맞이하게 됩니다. 삼별초는 최씨 정권의 사병 집단이었는데, 결국엔 삼별초에 의해 최씨 정권이 무너진 것입니다.

〈무신〉으로 배우는 삼별초의 성격

드라마 〈무신〉의 주인공 김준은 최충헌의 사노비였던 김윤성의 아들입니다. 이 드라마에서는 만적의 난이 실패하자 김윤성이 아들 김준을 절에 맡겨서 성장한 것으로 묘사했습니다. 실제로는 무술이 뛰어난 김준은 최충헌의 아들 최우가 집권하면서부터 두각을 나타내기 시작했습니다. 먼저 다음 기록을 봅시다.

> 과거에 최우(崔瑀)가 도성 안에 도둑이 많으므로 용사들을 모아 밤마다 돌아다니며 폭력을 금하게 하고, 인하여 야별초라 하였다. 도둑이 여러 도에서 일어나므로 야별초를 나누어 보내어 잡게 했었는데, 그 군사가 너무 많으므로 드디어 나누어 좌·우별초를 만들었다.

이는 『고려사절요』 원종 11년(1270)의 기록입니다. 이 당시에는 도적들이 왜 이렇게 많았을까요? 무신정권 때문입니다. 현대의 군사정권과 같은데, 무신들은 정변에 성공한 후 권력을 장악하자 백성들을 수탈하여 재산을 늘리는 데 혈안이 되었습니다. 그러자 굶주리다 못한 백성들이 권세가의 집을 터는 일이 많았던 것이죠.

이에 최우는 야별초를 만들어 도둑을 막게 했습니다. 이는 한마디로 지배층을 지키는 군대입니다. 또 다른 의문이 남는데, 아무리 그래도 도둑을 잡기 위해서 특별히 군대를 설치하다니 좀 심한 게 아니냐는 것이죠. 하지만 그 당시 최우의 입장은 달랐습니다. 그냥 좀도둑이 아니라 지배층의 수탈에 저항하는 민중이었던 것입니다. 야별초라는 군대를 만들어서 민중의 힘을 누르기 위한 수단으로 사용했던 것입니다.

야별초의 숫자가 많아지자 좌별초와 우별초로 나누고, 또 몽골에서 도망해 온 사람들을 모아서 신의군을 만들어 삼별초가 탄생했습니다. 삼별초는 최씨 정권의 사실상 사병이었고, 최씨 정권에 반대하는 세력은 언제나 삼별초의 제거 대상이었습니다. 그리하여 삼별초는 언제나 이득을 얻게 되어 진급에서도, 월급에서도, 여러모로 최씨 정권의 배려를 받았습니다.

그러다 몽골이 쳐들어오자, 최우는 강화도로 천도를 단행했습니다. 천도는 몽골에 저항하려는 의도보다 정권의 유지에 더 큰 목적이 있었습니다. 당연히 삼별초도 주인을 따라 강화도로 들어갔습니다. 그때부터 최씨 정권은 안전한 강화도 안에서 사치와 향락을 누렸고, 삼별초도 정권의 힘을 업고 권력을 누렸습니다. 뿐만 아니라 최씨 정권은 전쟁으로 황폐화된 백성들에게 평상시대로 세금을 거두는 등 가혹한 수탈을 했습니다. 물론 삼별초는 수탈에 앞장서서 사냥개 역할을 충실히 했습니다. 당연히 민심은 정부를 떠나갔지요. 처음에는 몽골과의 항쟁에서 가장 천대받던 노비와 천민들까지 목숨을 바쳐 싸웠지만, 최씨 정권의 수탈이 몽골군보다 더 심해지자 나중엔 몽골군의 침략을 환영하는 일까지 벌어졌습니다.

몽골 군사 때문에 6도에 선지사용별감(宣旨使用別監)을 보내는 것을 정지했다. 그때에 사명을 띠고 나간 자가 백성의 재산을 긁어 무리하게 거두어 위에 바쳐 은총을 견고하게 했기 때문에 백성들이 매우 괴롭게 여겨 도리어 몽골 군사가 오는 것을 기뻐했다.

이는 『고려사절요』 고종 43년(1256)의 내용으로, 최씨 정권의 착취가 너무 심하자 몽골이 쳐들어왔을 때 오히려 환영하는 일이 벌어졌다는 것입니다. 결국 민심을 잃은 최씨 정권에 내분이 일어납니다. 최씨 정권의 마지막 집권자인 최의를 드라마 〈무신〉에도 등장하는 김준이 제거했고, 이후 김준을 임연이 제거하고, 임유무를 송송례가 제거했습니다. 이들은 모두 삼별초의 힘을 이용했습니다. 즉 삼별초는 자기들의 손으로 주인이었던 최씨 정권을 무너뜨렸던 것입니다. 이는 삼별초가 권력을 유지하기 위해서는 무슨 일도 할 수 있었다는 것을 보여 줍니다. 자신의 목숨을 지키기 위해서는 그 누구도 제거할 수 있었던 것입니다.

삼별초는 몽골에 항복하는 것을 반대했습니다. 그들에게 강화도를 나간다는 것은 자신들의 모든 권력을 내놓는다는 것과도 같았죠. 몽골은 자신들에게 반항하여 강화도에 들어간 삼별초를 쉽게 용서하지 않을 것이기 때문입니다. 불안에 떨고 있던 삼별초는 폭동을 일으키고, 배중손을 중심으로 반란이 시작되었습니다.

삼별초의 항쟁

　지금까지 설명으로 보면 삼별초는 그리 좋은 집단이 아닌데, 왜 '삼별초의 항쟁'이라는 표현을 썼을까요? 이 말은 1930년대부터 쓰였습니다. 당시 식민지 상황에서 세계 최강국 몽골의 군대와 항쟁한 삼별초는 우리 민족에게 민족적 자긍심을 심어 주기에 적합했죠. 그러다가 박정희가 5·16 쿠데타를 일으킨 후 군사정권의 정통성을 마련할 목적으로 민족의 주체성의 확립이라는 구호를 내걸었고, 이 때문에 자신들과 똑같은 방식으로 권력을 쟁취하려 했던 삼별초가 부각되었던 것입니다. 더 나아가서는 고려의 무신정권을 진취적이고 민족적인 것으로까지 묘사하려고 했습니다. 결국 군사정권 시기에 삼별초가 최씨 정권 유지의 도구였다는 사실이 축소되었고, 민족적 항쟁이라는 찬사를 얻게 되었던 것입니다.

드라마 〈신의〉

작가: 송지나 **연출**: 김종학 **방송 연도**: 2012년 SBS 방송

줄거리: 드라마 〈신의〉는 현대의 의사인 여자 주인공이 고려 말 공민왕 시대로 타임슬립하여 남자 주인공인 최영과 사랑하게 된다는 이야기입니다. 여자 주인공의 이름이 '유은수'입니다. 최영 장군의 실제 부인은 현재 경기도 고양에 있는 최영 장군의 묘에 합장되어 있는데, '문화 유씨'입니다. 드라마에서도 여자 주인공은 현대로 돌아오지 않고 사랑하는 최영과 함께 고려 시대에 남았지요.

〈신의〉로 배우는 **최영의 활약과 고려 말의 상황**

드라마 〈신의〉에서 최영은 칼에 찔리고도 살아나고 수백 명의 적과 싸워 여자 주인공을 구출해 내는 엄청난 무사로 묘사되었습니다. 『고려사』에 기록된 최영의 실제 모습도 크게 다르지 않습니다.

또 사주(泗州)와 화주(和州) 등에서 적선 8,000여 척이 회안성(淮安城)을 포위하니 밤낮으로 힘써 싸워 그들을 물리쳤다. 적이 다시 쳐들어오자 최영이 몸에 여러 번 창에 찔리고도 분전하여 싸우니 적을 거의 다 죽이거나 사로잡았다.

최영 묘: 경기 고양 소재. 최영 장군과 부인 문화 유씨의 합장묘입니다.

이는 원나라가 한족들의 반란을 진압하기 위해 고려에 파병을 요청하자 1355년 당시 40세의 최영이 파병군을 이끌고 사주, 화주 등 중국 남부에서 한족 반란군과 전투를 벌인 내용을 적은 것입니다. 이 전투 과정에서 최영은 창에 여러 번 찔리는 큰 부상을 당했음에도 불구하고 계속 싸움을 이끌어 적을 모두 죽이거나 포로로 잡았다고 합니다. 드라마와 거의 똑같죠. 이와 같은 이야기가 또 있습니다.

최영이 몸소 사졸들 앞에 서서 용맹하게 돌진하니 적이 바람에 쓰러지는 풀[披靡]과 같았다. 적 한 명이 숲속에 숨어 최영을 쏘아 입술을 맞히니 피가 낭자하게 흘렀는데, 태연자약하게 적을 쏘아 활시위를 당겨서 쓰러뜨리고 이내 맞은 화살을 뽑았다. 최영이 더욱 힘쓰니 마침내 적을 크게 격파하여 거의 다 죽이거나 사로잡았다.

위 내용 역시 『고려사』의 기록으로, 1376년 당시 61세의 최영이 홍산 전투에서 벌인 활약을 보여 줍니다. 최영이 선봉에 서서 왜구들을 바람에 쓰러지는 풀처럼 베어 버리는 가운데 숲속에 숨어 있던 적 한 명이 쏜 화살이 최영의 입술에 맞아 피가 엄청나게 흘렀습니다. 그러나 최영은 자신에게 화살을 쏜 적을 오히려 활로 명중시켜 죽이고, 입술에 맞은 화살을 뽑은 후 나머지 적들을 거의 다 죽이거나 포로로 잡았던 것입니다. 『고려사』에 기록된 최영의 영웅담이 사실이라면, 드라마 〈신의〉에서 묘사된 것처럼 최영은 치명상을 입고도 수백 명의 적들을 물리치는 대단한 영웅이었던 것입니다.

한편, 〈신의〉에는 여자 주인공이 기철을 만나 미래의 역사를 들려주면서 기철을 저주하는 장면이 나옵니다. 곧 원나라가 망할 것이고 새롭게 나타나는 명나라가 중국의 주인이 될 것이므로 기철의 세상도 얼마 남지 않았다고, 영어로 욕까지 하면서 저주를 내리죠. 실제로 공민왕 때 원나라 말기의 중국은 홍건적의 난이 일어나 혼란에 빠집니다. 이후 홍건적 출신의 주원장이 명나라를 세우면서 몽골족은 북쪽으로 다시 쫓겨납니다. 이와 같이 공민왕은 원·명 교체기를 이용하여 반원자주 정책을 펼쳐 원나라의 영향력에서 벗어나고 왕권을 강화했던 것입니다.

드라마 〈신돈〉

작가: 정하연 **연출**: 김진민 **방송 연도**: 2005년~2006년 MBC 방송

줄거리: 이 드라마의 주인공 신돈은 공민왕의 개혁을 함께한 인물입니다. 당연히 드라마는 공민왕이 펼친 여러 개혁을 많이 묘사했습니다. 공민왕은 원나라의 내정간섭에서 벗어나기 위한 반원 정책을 펼쳤습니다. 그러나 개혁에 반대하는 세력들이 신돈을 제거하고, 공민왕도 시해되면서 이야기는 비극적으로 끝이 나고 맙니다.

〈신돈〉으로 배우는 **공민왕의 개혁 정치**

천산대렵도: 공민왕이 그린 그림으로 알려져 있습니다.

고려는 몽골에 항복한 이후 원나라의 부마국(고려의 왕은 원나라 공주와 결혼하여 부마, 즉 사위가 되었죠. 즉 원나라는 장인의 나라, 고려는 사위의 나라로 상하 관계가 되었습니다)이 되어 내정간섭을 당하는 처지가 되었습니다. 영화 〈쌍화점〉에도 이러한 상황을 잘 보여 주는 장면이 있습니다. 원나라의 사신이 고려 궁궐에 들어와 상석에서 원나라 황제의 명령을 읽는 동안, 공민왕과 고려의 신하들은 무릎을 꿇고 그 명령을 듣고 있습니다. 실제로도 고려는 정동행성, 만호부, 다루가치 등을 통해 내정간섭을 당했고, 함경도 땅에 설치된 쌍성총관부에 의해 통치를 받기도 했으며, 고려의 여인들을 원나라에 공녀로 바치기까지 했습니다.

공민왕은 원나라의 영향력에서 벗어나기 위해 먼저 기철 등 친원 세력을 제거했습니다. 기철은 기황후(원나라에 공녀로 가서 순제의 황후가 되었어요)의 오빠로 원나라의 세력을 등에 업고 왕보다 더 강한 권력을 휘둘렀습니다. 기철이 처형당하자 기황후는 복수를 하려고 원나라 군대를 보내 고려를 침략했습니다.

공민왕은 정동행성 이문소를 폐지해 내정간섭을 중단시키고, 변발과 같은 몽골의 풍습을 금지했으며, 부마국에 맞게 격하되었던 관제와 칭호를 원래대로 되돌렸습니다. 또한 돌려받지 못했던 쌍성총관부를 되찾았는데, 이때 이자춘(이성계의 아버지)과 이성계가 공을 세워 고려에 돌아오는 장면이 드라마 〈신돈〉에 등장했습니다.

이러한 반원 정책과 함께 공민왕은 왕권 강화 정책을 펼쳤습니다. 먼저 공민왕은 권문세족들이 인사권을 장악했던 정방을 폐지했습니다. 다음은 『고려사』를 바탕으로 한 가상 드라마 〈공민왕〉의 한 장면입니다.

공민왕: 정방(政房)은 권신(權臣)에 의해 설치된 것이니 어찌 조정에서 사람

들에게 관작(官爵)을 주는 뜻이 되겠는가? 이제 이를 영구히 혁파할 것이니, 3품 이하의 관리는 재상(宰相)과 함께 승진과 퇴출을 의논할 것이며, 7품 이하의 관리는 이부(吏部)와 병부(兵部)에서 논의하여 아뢰도록 하라.

신하들: 예. 분부대로 시행하겠사옵니다.

정방은 원래 최우가 인사권을 장악하기 위해 자신의 집에 설치한 기관입니다. 원 간섭기에도 권문세족들은 자신들의 권력 유지를 위해 계속 정방을 이용했죠. 공민왕은 관리들에 대한 인사권을 장악하여 왕권을 강화하기 위해 정방을 폐지했던 것입니다. 또한 공민왕은 전민변정도감을 만들고 신돈을 판사로 임명하여 권문세족들을 약화시키고 왕권을 강화하는 데 이용했습니다. 다시 가상 드라마 〈공민왕〉의 한 장면을 봅시다.

신돈: 근래에 기강이 크게 무너져서 탐욕을 부리는 것이 풍습이 되었으며, 토지와 백성을 부유하고 권력 있는 집에서 거의 다 빼앗아 차지했다. 일부는 이미 판결이 났는데도 그대로 가지고 있고, 일부는 백성을 노예로 만들어 농장을 두니, 백성과 나라를 병들게 하여 홍수와 가뭄을 불러일으키고 전염병이 그치지 않는다. 이제 도감을 설치하여 바로잡고자 하여 개경은 15일을 기한으로 하고, 여러 도(道)는 40일을 기한으로 하여 스스로 잘못을 알고 고치는 자는 죄를 묻지 않을 것이나, 기한을 넘겨 일이 발각되는 자는 죄를 조사하여 다스릴 것이며 망령되게 소송하는 자는 도리어 처벌하겠다.

(명령이 나가자 권세가 중에 토지와 노비를 빼앗은 자들이 그 주인에게 많이 돌려주었으며, 전국에서 기뻐했다. 노비 중에 양민이라고 호소하는 자는 모두 양민으

로 만들어 주었다. 이에 노비들이 주인을 배반하고 벌떼처럼 일어났다.)

백성들: 성인이 나오셨다!

위 장면은 『고려사』를 바탕으로 당시의 상황을 묘사한 것입니다. 권문세족들은 힘없는 백성들의 땅을 빼앗아 농장을 만들고, 빚을 못 갚는 등 억울하게 노비가 된 사람들을 부려서 농장을 운영했습니다. 이를 신돈이 바로잡자 자신의 땅을 되찾은 백성들과 해방된 노비들이 신돈을 '성인'으로 추앙했다는 것이죠. 드라마 〈신돈〉에는 공민왕과 죽은 신돈과의 상상 속 대화를 통해 전민변정도감과 광종 때의 노비안검법이 같은 목적이었음을 밝히는 장면이 나옵니다. 노비안검법이 억울하게 노비가 된 사람들을 해방시켜 호족들의 세력을 약화시키고 왕권을 강화한 것처럼, 전민변정도감 역시 권문세족들을 약화시키고 왕권을 강화한 것을 잘 보여 줍니다. 그러나 신돈이 제거되고 공민왕이 시해당하면서 권문세족들은 다시 못된 짓을 시작합니다.

근년에 이르러서는 겸병이 더욱 심해져 간교하고 흉악한 무리들이 주·군을 깔고 앉은 채 산과 강을 경계로 삼고는 이를 죄다 조업전(祖業田)이라 내세우면서 서로 훔치고 서로 빼앗으니 1무의 주인이 대여섯 명을 넘기기도 하며 1년에 가져가는 조(租)가 여덟아홉 차례에 이르기도 합니다.

이는 『고려사』의 기록으로, '간교하고 흉악한 무리들'이란 고려 말의 개혁 대상인 권문세족입니다. 이들은 고려 후기의 정치적·경제적 특권을 독차지한 특권층이었습니다. 이들은 정치적으로 고려의 최고 권력기구인 도평의사사를 장악했으며, 경제적으로는 막대한 규모의 대농장을 소유했습니다. 드라마 〈육룡이 나르샤〉에는 여주인공 '분이'가 마을 사람들과 피땀 흘려 일군 땅에서 수확한 곡식들을 권문세족들이 보낸 사람들에게 빼앗기는 장면이 나옵니다. 권문세족들이 '간교하고 흉악한 무리들'이라는 사실을 보여 주는 장면입니다.

이와 같이 권문세족은 고위관직을 독점하다시피 하고 그 같은 지위를 자자손손에 이르기까지 이어 갔습니다. 권문세족은 과거시험 없이 아버지, 할아버지의 덕으로 관직에 진출하는 음서제를 통해 고위 관직에 올랐으며, 그 지위를 대를 이어 계승하여 가문을 형성하고, 같은 권문세족들과 중첩되는 혼인관계를 맺어 혈연의 범위를 한정시켜 특권을 지켰습니다.

권문세족은 또한 친원파였습니다. 이들은 몽골 침략기 때부터 몽골족에게 빌붙어 그들의 말을 배우며 재빠르게 몽골족의 앞잡이가 되었습니다. 대몽 항쟁이 끝난 후에도 원의 영향력이 미치고 있던 당시에 권력을 잡게 된 원의 앞잡이들은 원과 결탁하는 방식으로 원의 관직을 차지하는 경우도 있었습니다. 물론 원이 고려에 설치한 내정간섭 기관인 정동행성 등의 관직을 차지하는 데에는 더욱 적극적이었습니다. 이들은 원의 관직을 얻어 그 세력을 등에 지고 위세를 부리며 지위도 한층 높여 갔던 것입니다.

몽골의 앞잡이들은 우리 민족의 여자들을 몽골족의 노리개로 갖다 바치고, 원나라에 바칠 각종 물품을 앞장서서 백성들로부터 수탈하면서 자신들의 뱃속까지 채웠습니다. 우리의 국토를 몽골에게 갖다 바치고, 게다가 원나라의 허락을 얻어 왕을 세우고, 몰아내고, 또다시 세우기를 반복했습니다.

권문세족들은 경제적인 측면에서는 대농장주였습니다. 그들은 전시과

체제의 붕괴와 더불어 불법적으로 대토지를 겸병하여 대토지를 소유했습니다. 산천을 경계로 삼을 정도의 거대한 농장을 한 명이 소유하고 있으니 그 땅에 살던 수많은 민중들의 고통이 어떠했을까요? 게다가 어떤 곳은 땅 주인이 대여섯 명이나 돼 수확량의 80~90%를 세금으로 빼앗기다 보니 일반 농민들은 끼니를 잇기 어려웠습니다. 이들은 또한 막강한 권력을 이용해 세금마저 내지 않았기 때문에 국가 재정은 더욱 악화되었습니다.

이러한 상황을 해결하기 위해 이성계와 혁명파들은 1388년 8월부터 전제 개혁의 기초 작업인 양전(量田. 토지 측량)을 실시했습니다. 과전의 지급 대상이 선정되었고, 1389년 12월에는 양전 사업이 완료되어 약 50만 결의 토지가 등록되었습니다. 드디어 1391년 9월 전적(田籍. 토지대장)을 반포하고 그 이전의 토지대장들이 불살라지고 과전법이 공포되자, 권문세족들은 몰락했고 민중들은 환호했습니다. 이 장면도 〈육룡이 나르샤〉에서 볼 수 있습니다. 정도전이 민중들과 함께 횃불로 불을 붙여 산처럼 쌓인 토지대장을 모두 태워 버리자 백성들이 기뻐하는 장면입니다.

신진사대부들은 이러한 토지 개혁으로 구질서를 파괴하고 신질서의 수립에 성공함으로써 그들의 집권 기반을 더욱 강화했습니다. 이들은 토지 개혁으로 소수의 권문세족에게 집중된 토지를 몰수하여 이를 다시 분배해 국가의 경제를 안정시켜야 한다는 입장이었습니다. 결국 농장은 몰수되었고 권문세족들의 경제적 토대는 무너졌습니다. 이것은 권문세족들의 몰락이자 구체제의 몰락이었습니다.

그토록 막강했던 권문세족들은 왜 몰락했을까요? 물론 여러 가지 이유가 있지만, 가장 중요한 이유는 그들이 기득권을 유지하기 위해 부도덕의 극치에 이르렀기 때문입니다. 산과 강을 경계로 할 만큼 거대한 농장을 소유했으면서도 가난한 민중들에 대한 착취는 점점 심해져 갔습니다. 정치권력을 세습하려고 실력 경쟁을 거부하고 음서라는 혈연을 동원했습니다. 게다가 자신들의 권력 유지를 위해 같은 민족을 몽골에게 팔아 먹었습니다.

이러한 부도덕의 극치는 한동안 계속되었지만 그리 오래가지 못했습니다. 그들 스스로 변했으면 기회는 있었을 것입니다. 그러나 여느 기득권 세력이 그러했듯이 스스로 개혁한다는 것은 불가능했습니다. 그리고 혁명파의 역할도 중요했습니다. 혁명파들은 당시 모든 문제의 근원이었던 토지 개혁을 물고 늘어지며 끈질기게 개혁을 해 나갔습니다. 백성들의 지지를 받을 수 있는 개혁 의제를 잘 정했고, 세상이 바뀔 것이라는 희망을 주었습니다. 백성들은 결국 혁명파의 편에 섰고, 이성계를 왕으로 내세운 역성혁명은 성공했습니다.

III

조선 시대

1. 조선의 건국과 유교 정치의 실현

드라마 〈육룡이 나르샤〉

작가: 김영현, 박상연 **연출**: 신경수 **방송 연도**: 2015년~2016년 SBS 방송

줄거리: '육룡이 나르샤'는 원래 용비어천가에 나오는 말입니다. '육룡'은 이방원, 이성계와 그 위 4대조를 이르는데, 이 드라마에서 '육룡'은 실존 인물인 이방원, 이성계, 정도전과 가상 인물인 분이, 이방지, 무휼 등 총 6명을 가리킵니다. 드라마 〈뿌리 깊은 나무〉에서 세종대왕의 내금위장(현재의 경호실장)이었던 무휼과 전설적인 무사 이방지의 젊은 시절 이야기로 만들어진 드라마가 바로 〈육룡이 나르샤〉입니다.

〈육룡이 나르샤〉로 배우는 **조선의 건국 과정**

〈육룡이 나르샤〉는 태종 이방원의 어린 시절 이야기부터 시작됩니다. 이방원을 주인공으로 하여 고려 멸망과 조선 건국의 과정을 박진감 넘치게 묘사한 작품입니다. 이 드라마에는 이방원과 사랑하는 사이의 여자 주인공 '분이'가 나오는데, 아마도 분이는 경녕군의 어머니 효빈 김씨를 모델로 한 것 같습니다. 먼저 『정종실록』에 실린 글을 봅시다.

이때에 목인해(睦仁海)가 탔던 정안공(이방원) 집의 말이 화살을 맞고 도망해 와서 스스로 제 집 마구간으로 들어갔다. 부인(민다경)은 반드시 싸움에 패한 것이라 생각하고, 스스로 싸움터에 가서 공과 함께 죽으려 하

여 걸어서 가니, 시녀 김씨(金氏) 등 다섯 사람이 만류했으나 그만두게 할 수 없었다. 【김씨(金氏)는 곧 경녕군(敬寧君)의 어머니이다.】

여기서 시녀 김씨는 효빈 김씨입니다. 제2차 왕자의 난 때 이방원 집의 말이 화살을 맞고 집으로 돌아오자 이방원이 싸움에 패했다고 생각한 부인 민씨(후에 원경왕후)가 남편과 함께 죽으러 싸움터에 가려 했는데, 시녀 김씨 등이 만류했다는 내용입니다. 『태종실록』에도 다음과 같은 기록이 있습니다.

기묘년 가을 9월에 태종이 송도(松都)의 추동(楸洞) 잠저(潛邸)에 있을 때, 어느 날 날은 새려 하여 별은 드문드문한데, 흰 용[白龍]이 침실(寢室) 동마루 위에 나타났다. 그 크기는 서까래만 하고 비늘이 있어 광채가 찬란하고, 꼬리는 굼틀굼틀하고, 머리는 바로 태종이 있는 곳을 향했다. 시녀(侍女) 김씨(金氏)가 처마 밑에 앉았다가 이를 보았는데, 김씨는 경녕군(敬寧君) 이비(李裶)의 어머니이다. 달려가 집찬인(執饌人) 김소근(金小斤) 등 여덟 사람에게 알리어, 소근 등이 또한 나와서 이를 보았다. 조금 있다가 운무(雲霧)가 자옥하게 끼더니 간 곳을 알 수 없었다.

이방원이 왕이 되기 전 사가에 살 때 시녀 김씨가 처마 밑에서 하늘에 흰 용이 나타난 것을 보고 이를 사람들에게 알린 내용입니다. 효빈 김씨는 이방원이 왕이 되기 전부터 이방원이 왕이 될 것을 암시하는 흰 용을 발견하고 사람들에게 알리는 역할을 하고, 2차 왕자의 난 때는 원경왕후의 잘못된 판단을 만류하는 조언자의 역할도 했습니다. 이는 효빈 김씨가 이방원이 왕이 되는 과정에 중요한 역할을 했음을 보여 줍니다.

원래 효빈 김씨는 이성계의 둘째 부인 신덕왕후 강씨의 몸종이었는데, 매우 아름다웠다고 합니다. 이방원의 첫째 아들인 경녕군을 낳았다는 점에서 이방원의 첫사랑이라고 볼 수도 있습니다. 다시 말해 이방원의 첫사랑으로 나온 분이는, 낮은 신분 출신이지만 이방원이 왕이 되는 것을 도왔다는 점에서 효빈 김씨를 모델로 했을 가능성이 매우 큽니다.

한편, 〈육룡이 나르샤〉에는 '무명'이라는 비밀 조직이 나옵니다. '무명'은 상단을 운영하며 상업, 무역 활동을 통해 부를 축적하고, 공평한 토지 분배에 반대합니다. 이들은 드라마 〈선덕여왕〉에도 나왔는데, '비담의 난'에 가담한 염종을 중심으로 한 조직이죠. 이와 같이 '무명'은 상단과 정보 네트워크에 기반을 둔 조직으로 그 역사가 거의 천 년에 가깝습니다. 그런데 '무명'의 최대의 적이 나타났으니 바로 정도전입니다. 정도전은 과전법이란 토지 개혁을 실시했으며, 상업, 무역 등을 천시하고 통제하려는 인물입니다. 드라마 속 '무명'은 정도전을 막기 위해 그 반대 세력인 이방원을 도왔습니다. 결국 '무명'은 자신들의 칼로 정도전을 죽임으로써 스스로의 이익을 지키고 살아남았습니다.

'무명'은 이후 어떻게 그 세력을 유지하고 강화해 나갔을까요? 가장 먼저 '무명'으로 의심되는 세력은 훈구파입니다. 세조가 단종을 쫓아내고 왕이 되는 데 공을 세운 공신들이며, 권력을 바탕으로 대토지를 소유하기 시작한 세력이 훈구파입니다. 정도전이 만든 과전법을 없애고 직전법을 실시하기 시작한 것도 세조 때입니다. 이후 직전법은 현직 관리에게만 수조권을 지급하는 토지 제도였기 때문에 양반들의 토지 사유화에 대한 욕망을 자극했습니다. 실제로 이후 양반들의 대토지 소유가 점차 늘어났죠. 게다가 연산군 때부터 명종 때까지 훈구파는 자신들과 대립하던 사림파를 제거하기 위해 여러 번 사화를 일으켰습니다. 어두컴컴한 음지에서 음모를 꾸미는 '무명'의 스타일로 볼 때 훈구파는 무명의 후예가 맞습니다.

조선 후기에도 '무명'과 연결되었을 것으로 보이는 인물이 있습니다. 바로 장희빈이죠. 장희빈은 역관 장형의 딸인데, 역시 역관으로서 무역으로 큰돈을 번 당숙 장현에 의해 궁녀로 입궁했습니다. 잘 알려졌다시피 장희빈은 아름다웠기 때문에 숙종의 후궁이 되었고, 인현왕후가 쫓겨난 중전 자리에 오르기까지 했습니다. 그러나 다시 후궁으로 강등된 장희빈은 인현왕후를 저주했고, 실제로 인현왕후가 죽자 최숙빈(영조의 어머니)이 저주 사실을 폭로했고, 결국 사약을 먹고 죽음을 맞이했습니다. 만약 장희빈 뒤에 상업, 무역을 바탕으로 한 '무명'(역관으로 무역을 통해 거부가 된 장현을 무명으로 볼 수 있겠죠)이 있었다면, '무명'의 음모에 의해 인현왕후가 쫓겨나고 장희빈이 중전이 되었다고 가정할 수도 있을 것입니다. 결론적으로 〈육룡이 나르샤〉에서 묘사한 '무명'의 생명력으로 볼 때 '무명'은 조선 시대에도 계속 살아남았을 것으로 보입니다. 다음은 가상 드라마 〈무명〉의 한 장면입니다.

무명 1: 장희빈이 죽었어도 그 아들(경종)이 세자이다. 세자가 보위에 오르면 다시 우리 '무명'의 세상이 올 것이다.

무명 2: 그렇습니다. 때를 기다리시죠.

　　　(세월이 흘러 경종이 왕위에 올랐지만 결국 경종은 죽음을 맞이한다.)

무명 1: 우리의 희망 '경종' 임금님을 연잉군(후에 영조)이 독살한 것이 분명하다. '무명' 세력 전체가 일어나 반란을 준비하라.

이인좌: 예, 준비하겠습니다.

〈육룡이 나르샤〉에서는 정도전과 정몽주의 대화를 통해 정도전이 꿈꾼 조선의 모습이 설명되었습니다. 정도전은 왕이 중심이 아닌 사대부가 이끌어 가는 나라를 만들겠다고 말합니다. 왕은 꽃이고, 사대부가 뿌리가 되는 나라, 그래서 나라를 이끄는 것은 왕이 아니라 재상이어야 한다는 주장입니다. 왕은 세습되기 때문에 어리석은 왕이나 못된 왕이 즉위할 수도 있지만, 재상은 세습되지 않

정도전 동상

기 때문에 사대부 중에서 과거 시험에 높은 성적으로 합격한, 가장 능력 있고 훌륭한 인품을 지닌 인물이 될 가능성이 높다는 것입니다.

이 이야기를 엿들은 사람이 이성계의 아들 이방원입니다. 이때부터 이방원은 정도전과 대립하기 시작합니다. 이방원은 정도전의 생각과 정반대의 인물입니다. 훗날 태종이 되는 이방원은 왕권에 위협이 되는 사람은 자신에게 충성한 측근이나 친척이라도 제거할 정도로 왕권을 강화한 왕입니다. 그러한 이방원은 아버지 이성계가 왕이 되는 것을 방해하는 정몽주를 죽이고, 조선 건국 후에는 자신이 왕이 되는 것을 방해하는 정도전을 죽였습니다.

드라마 〈대왕 세종〉

작가: 김태희, 윤선주 **연출**: 김성근, 김원석 **방송 연도**: 2008년 KBS2 방송

줄거리: 이 드라마는 세종대왕이 충녕대군이었던 어린 시절부터 시작됩니다. 큰형 양녕대군이 세자 자리에 쫓겨난 후 충녕대군이 새로운 세자가 되고, 아버지 태종이 상왕이 되어 세종의 왕권을 안정시키는 과정이 묘사되었습니다. 특히 이 과정에서 태종의 왕비 원경왕후 민씨의 남자 형제들이 모두 처형당하고, 세종의 왕비 소헌왕후 심씨의 아버지가 처형당합니다. 왕권을 위협할 수 있는 외척 세력들을 제거한 것이죠. 또한 장영실의 활약으로 과학기술이 발전되는 상황과 세종대왕이 한글을 창제하는 과정이 등장했습니다.

〈대왕 세종〉으로 배우는 **태종의 왕권 강화와 세종의 업적**

드라마 〈대왕 세종〉의 초반부는 태종의 왕권 강화 정책들을 많이 묘사했습니다. 태종은 의정부 서사제를 폐지하고, 6조 직계제를 실시했습니다. 의정부는 영의정, 좌의정, 우의정의 재상들이 6조의 보고를 받아 논의한 후 왕에게 결정 사항을 보고하는 것으로, 사실상 결정권이 의정부 재상들에게 있는 제도입니다. 왕권 강화를 원하던 태종은 이에 6조 직계제를 실시하는데, 6조에서 의정부를 거치지 않고 왕에게 직접 보고해 의정부를 약화시키고 왕이 결정권을 갖게 하여 왕권을 강화했던 것입니다.

또한 태종은 호패법을 실시했는데, 호패는 16세 이상의 남자들이 지녀

야 하는 신분증입니다. 〈대왕 세종〉에서도 호패법 실시에 반발하는 신하들의 주장에 대해 태종이 호패법을 강력하게 옹호하는 장면이 나옵니다. 호패법의 목적은 세금과 군역, 부역을 지는 주체인 남자들이 도망가거나 떠돌아다니는 것을 막기 위해서였습니다. 즉 백성들을 통제하여 세금, 국방 등을 안정시키고, 결국엔 왕권을 강화하려는 목적이었죠.

태종이 왕위를 세종에게 넘겨주고 상왕이 되었지만 군사권과 인사권은 계속 태종에게 있었습니다. 그러니 쓰시마 토벌을 주도한 것은 사실 세종이 아니라 태종이었죠. 고려 말부터 말썽을 부리던 왜구들의 소굴이었던 쓰시마에 이종무를 총책임자로 토벌군을 보내 쓰시마 도주의 항복을 받았습니다. 이후 조선은 계해약조를 맺고 3포를 개항하고 제한적인 무역을 허용했지요. 일본인들은 이러한 제한적인 무역에 불만을 품고 중종 때는 3포 왜란, 명종 때는 을묘왜변 등을 일으켰습니다.

드라마 〈대왕 세종〉은 세종의 여러 업적들을 묘사했습니다. 먼저 집현전을 설치하여 젊은 신하들에게 학문, 정책을 연구하도록 만들었습니다. 국왕의 정책을 보좌하는 기관을 만든 것이죠. 또한 세종은 다시 의정부서사제로 돌아가 황희 같은 훌륭한 재상에게 정치를 맡기고, 왕은 군사

조선 초기 사용된 대신기전 복원 모형

조선 초기 사용된 화차 복원 모형

앙부일구

측우기

권, 인사권을 행사하여 왕권과 신권의 조화를 추구했습니다. 이러한 바탕 위에서 세종은 백성들을 위한 민본 사상과 덕치주의를 실천하는 왕도 정치를 실현했습니다. 특히 백성들의 일상생활과 농업에 도움을 주기 위해 장영실에게 앙부일구(해시계), 자격루(물시계), 측우기 등을 발명하도록 하여 백성들에게 편의를 제공했죠. 또한 장영실을 명나라에 유학을 보내 천문 관측기구 제작 기술을 발전시켜 간의를 제작했는데, 이는 장영실의 몰락과도 연결이 된 것 같습니다. 간의는 1434년 제작되었는데, 1443년에 다음과 같은 기록이 있습니다.

임금이 말하기를, "이 간의대가 경회루에 세워져 있어 중국 사신으로 하여금 보게 하는 것이 불가하므로, 내 본래부터 옮겨 지으려 했고, 또 연희궁(衍禧宮)과 낙천정(樂天亭)이 모두 멀리 떨어져 있어서 내 이 궁에 있은 지가 16년이나 되었는데, 창덕궁도 오히려 멀어져 폐가 없지 않으므로, 내 자손 만세를 위한 계략으로 이 궁을 지으려 하는 것이다." 했다.

이는 『세종실록』 세종 25년(1443) 1월 14일의 기록으로, '간의대가 경회루에 설치되어 있어서 중국 사신이 보면 안 되기 때문에 간의대를 옮겨야 한다'는 세종의 말씀입니다. 그런데 장영실이 책임자로 만든 세종의 가마가 부서진 것이 세종 24년(1442) 3월 16일입니다. 이 일로 장영실이 곤장을 맞고 쫓겨나 역사 기록에서 사라진 것이 세종 24년 5월 3일입니다. 그리고 간의대를 옮겨야 한다는 명을 세종이 처음 내린 것은 세종 24년 12월 26일입니다. 다시 말해 세종은 장영실이 쫓겨난 후 반년 만에 간의대를 옮겨야 한다는 어명을 내린 것이죠. 〈대왕 세종〉에서는 이를 다음과 같이 해석했습니다. 간의는 천문 관측기구로 중국의 황제만이 그 소유자가 될 수 있는 중요한 물건이었는데, 조선의 왕이 간의를 갖고 있음을 중국에서 알아서는 안 되었다는 것이죠. 그래서 가마가 부서지는 사건을 구실로 장영실을 숨기고, 간의대도 옮겨서 숨기려고 했던 것이라는 말입니다. 드라마에는 그래서 장영실이 숨어 지내며 세종을 돕는 역할을 한 것으로 묘사되었습니다. 역사의 진실은 알 수 없지만 매우 흥미로운 역사적 상상입니다.

간의대 복원 모형

드라마 〈뿌리 깊은 나무〉

작가: 김영현, 박상연 **연출**: 장태유, 신경수 **방송 연도**: 2011년 SBS 방송

줄거리: 이정명의 소설 『뿌리 깊은 나무』를 원작으로 하여 만든 드라마입니다. 세종대왕을 돕던 집현전 학사들이 살해당하는 사건이 일어나면서 벌어지는 여러 상황을 묘사했습니다. 이방원에게 살해당한 정도전의 조카 정기준(가리온, 가상 인물)이 이끄는 '밀본'이라는 비밀 조직은 세종대왕이 한글을 창제, 반포하려 한다는 것을 알고 이를 방해하려고 합니다. 이러한 방해를 극복하고 세종대왕이 한글을 반포하는 과정을 매우 박진감 넘치게 묘사한 드라마입니다.

<뿌리 깊은 나무>로 배우는 **세종대왕의 한글 창제**

이 드라마에는 세종이 한글 창제를 결심하게 된 이유를 다음과 같이 설명하는 장면이 나옵니다. 전염병이 돌자 세종은 역병을 예방하는 방법을 한자로 써서 곳곳에 벽보로 붙이도록 합니다. 그러나 전염병은 계속 확산되고, 백성들이 계속 죽어 나가자 세종은 미행을 나가 백성들에게 왜 벽보를 못 보았느냐고 묻습니다. 백성들은 잠잘 시간도 없이 일해도 먹고살기가 바쁜데 어려운 한자를 어떻게 배우느냐고 따지죠. 이에 세종은 백성들도 쉽게 배울 수 있는 문자를 만든다면 이러한 비극을 막을 수 있다고 생각합니다.

세종대왕 동상

삼강행실도

실제로 세종은 왜 한글을 만들었던 것일까요? 세종은 백성들을 유교로 교화할 수 있다고 생각했습니다. 한글을 이용한 책 중 대표적인 것이 『삼강행실도』입니다. 삼강은 군위신강(君爲臣綱, 임금과 신하 사이의 도리), 부위자강(父爲子綱, 어버이와 자식 사이의 도리), 부위부강(夫爲婦綱, 남편과 아내 사이의 도리)을 말하는데, 오륜과 함께 대표적인 유교 윤리입니다. 그런데 유교를 설명하는 책들이 모두 한자로 되어 있어서 일반 백성들은 읽을 수가 없었습니다. 그러므로 배우기 쉬운 문자로 쓰인 유교 서적이 있으면 백성들도 유교로 교화될 수 있으리라는 생각에서 세종은 한글을 창제했던 것입니다.

〈뿌리 깊은 나무〉에는 한글이 정말 배우기 쉬운 문자임을 보여 주는 장면이 나옵니다. 집현전 학사들이 연쇄 살인당하는 사건의 수사를 맡은 겸사복 채윤이 28자로 모든 소리를 표현할 수 있다는 것을 믿지 못하자, 광평대군과 소이는 한글을 배우는 데 하루도 걸리지 않을 것이라고 말하죠. 물론 한글을 배운 채윤은 반나절 만에 모든 말을 쓸 수 있게 되었습니다. 또한 밀본의 조직원이었던 한명회가 한글의 비밀을 풀어 정기준에게 '28자 안에 거의 모든 음이 다 들어 있는 것 같다'는 분석을 들려주기도 합니다. 실제로 한글은 발음기호에 가까운 글자이기 때문에 표현하지 못하는 소리가 거의 없을 정도입니다. 그래서 2009년에는 인도네시아의 소수민족인 찌아찌아족이 한글을 자신들의 문자로 받아들였습니다. 찌아찌아족은 언어는 있지만 문자가 없었는데, 알파벳으로 표현하지 못하는 말이 많았기 때문에 거의 모든 찌아찌아어를 표현할 수 있는 한글을 공식문자로 채택한 것이죠. 이는 한글이 배우기 쉽고 거의 모든 소리를 표현할 수 있는 매우 우수한 문자임을 보여 주는 좋은 사례입니다.

〈뿌리 깊은 나무〉에서는 한글의 우수성을 안 '밀본'이란 조직이 한글 반포를 막으려 합니다. 밀본은 조선의 뿌리는 사대부라는 생각이 확고한 집단입니다. 사대부가 나라의 뿌리 역할을 할 수 있는 것은 한자를 알고 유교 서적을 읽고 상소문을 쓸 줄 알기 때문이죠. 그런데 모든 백성들이 문자를 읽고 쓸 줄 알게 된다면 나라의 뿌리는 사대부가 아닌 백성들이 될 것입니다. 그러니 사대부가 지배층이 되는 세상에서는 한글은 매우 위험한 문자였던 것이죠. 실제로 최만리 등이 세종의 한글 창제에 반대했던 것도 이러한 이유가 바탕에 깔려 있었던 것입니다. 연산군은 자신을 비판하는 한글로 쓰인 글이 발견되자 한글 사용을 금지하고 한글 서적들을 불태우라는 명령을 내렸습니다. 실제로 백성들이 왕과 지배층을 비판하는 도구로 한글을 사용했던 것입니다. 조선 후기에 창작된 많은 한글 소설, 사설시조들이 사회 모순을 비판하고 양반들의 위선을 풍자한 것도 마찬가지입니다. 이와 같이 세종은 백성들에게 부당함에 저항할 수 있는 문자라는 무기를 준 것만으로도 우리 역사상 가장 훌륭한 대왕이라 할 수 있습니다.

2. 사림의 성장과 사화

드라마 〈역적〉

작가: 황진영 **연출**: 김진만, 진창규 **방송 연도**: 2017년 MBC 방송

줄거리: 드라마 〈역적〉은 홍길동을 주인공으로 한 작품입니다. 홍길동과 관련된 다른 작품들과의 차이점은 무엇일까요. 대부분의 홍길동은 양반의 아들인 서얼 홍길동인 데 비해, 〈역적〉의 홍길동은 노비 '아모개'의 아들 즉 노비입니다. 시대 배경은 『연산군일기』에 기록된 것처럼 연산군 당시인데, 장녹수가 홍길동과 연인 관계였던 것으로 묘사됩니다. 원래 드라마 정식 제목은 〈역적: 백성을 훔친 도적〉인데, 임금인 연산군으로부터 백성을 훔친 도적이 바로 홍길동이었음을 보여 주는 제목입니다.

<역적>으로 배우는 홍길동과 무오사화, 갑자사화

『홍길동전』의 실제 모델이라고 추정되는 『연산군일기』 속 홍길동에 관한 내용을 살펴볼까요?

강도 홍길동(洪吉同)이 옥정자(玉頂子)와 홍대(紅帶) 차림으로 첨지(僉知)라 자칭하며 대낮에 떼를 지어 무기를 가지고 관부(官府)에 드나들면서 기탄없는 행동을 자행했는데, 그 권농(勸農)이나 이정(里正)들과 유향소(留鄕所)의 품관(品官)들이 어찌 이를 몰랐겠습니까. 그런데 체포하여 고발하지 아니했으니 징계하지 않을 수 없습니다. 이들을 모두 변방으로 옮

허균 생가

기는 것이 어떠하리까.

'옥정자'는 '갓 꼭대기에 옥으로 만들어 단 장식'이고, '홍대'는 '겉옷에 두르는 붉은색의 띠'로 고위직 관리들이 하고 다니는 복장입니다. 특히 '첨지'는 '첨지중추부사'를 말하는데, 정3품에 해당하는 벼슬입니다. 홍길동은 고위직 관리인 것처럼 행세하며 관청에 드나들 정도였다는 것입니다. 그러니까 실제 신분은 평민이었을 가능성이 큽니다. 그렇다면『홍길동전』의 저자 허균은 왜 홍길동을 서얼로 묘사한 것일까요? 허균은 세종 때의 홍일동이란 실존 인물에, 연산군 때의 또 다른 실존 인물인 홍길동을 합하여『홍길동전』의 홍길동을 만들어 낸 것으로 보입니다. 세종 때의 홍길동은 양반이었는데, 왜 서얼이라고 했을까요? 다시『광해군일기』의 기록을 봅시다.

이에 앞서 서인(庶人) 서양갑(徐羊甲)·심우영(沈友英)·허홍인(許弘仁)·박응서(朴應犀)·박치의(朴致毅) 등이 생사를 같이할 친구 관계를 맺고 때도 없이 어울려 돌아다녔다. (중략) 그리고 기유년부터는 여주(驪州) 강변으로 거처를 옮긴 뒤 각 집안을 합쳐 재물을 공동으로 사용하면서 매우 사치스러운 생활을 했으므로 그 고을 사람들이 매우 이상하게 여겼는데, 양갑과 치의 등의 강도 사건이 드러나자 그들이 도적이었다는 사실을 사람들이 비로소 깨닫게 되었다.

1613년 위 기록의 서양갑, 심우영, 허홍인, 박응서, 박치의 등과 이경준, 박치인 등 7명이 이른바 강변칠우(江邊七友)라고 자칭하며 강도짓을 했다는 것이 밝혀졌습니다. 그런데 이들 7명이 허균과 친했다고 합니다. 그래서 이 사건에 연루된 허균이 큰 위기에 빠지는데, 이때 구해 준 사람이 바로 이이첨입니다. 다시 『광해군일기』의 기록을 봅시다.

서양갑의 옥사가 일어남에 미쳐 제자인 심우영(沈友英) 등이 모두 역적죄로 복주되자, 허균이 마침내 화를 피한다 칭하고 이이첨(李爾瞻)에게 몸을 맡기니 이첨이 매우 후하게 대우했다.

위 기록과 같이 허균은 서얼 강변칠우들과 친하게 지내면서 홍길동의 모델로 삼았던 것으로 보입니다. 이들이 강도짓을 했다는 것은 홍길동이 '활빈당' 활동을 한 것과 상당히 유사하기 때문이죠. 실제로 강변칠우는 서얼이었기 때문에 당시 사회에 불만이 많았을 것으로 보입니다. 강도짓을 하며 재물을 모은 이유도 정변을 목적으로 했을 가능성도 있죠. 실제로 강변칠우가 강도짓을 한 이유를 영창대군을 옹립하기 위한 역모 자금 조달로 연결시켜 역적으로 처벌을 받았습니다. 결론적으로 허균은 연산군 때의 실존 인물 홍길동을 자신들이 친했던 강변칠우의 신분인 서얼로 묘사했던 것이죠. 즉 드라마 〈역적〉에서 홍길동은 노비 신분이었지만 『홍길동전』 속 홍길동은 서얼이었을 가능성이 더 크다고 할 수 있습니다.

허균은 1612년 유배지인 전라도 함열에서 『홍길동전』을 쓴 것으로 추정됩니다. 그 1년 전인 1611년에는 이른바 '유구 왕자 살해 사건'이 벌어졌습니다. 먼저 『광해군일기』의 기록을 봅시다.

전 제주 목사 이기빈(李箕賓)과 전 판관 문희현(文希賢)이 작년에 왜적을 잡은 일로 공을 논한 장계에 따라 이미 상전(賞典)을 시행했습니다. 그런데 그 뒤에 사람들의 말이 자자하며, 모두들 남경(南京) 사람들과 안남(安南)의 장사치들이 물화를 싣고 표류해 온 것으로 그 배의 제도가 매우 높고 커서 배 하나에 으레 10여 개의 돛대를 세운 것이 왜구의 배가 아님이 분명하다고 합니다. 그런데 이기빈과 문희현 등은 처음에는 예우하면서 여러 날 접대하다가 배에 가득 실은 보화를 보고는 도리어 재물에 욕심이 생겨 꾀어다가 모조리 죽이고는 그 물화를 몰수했는데, 무고한 수백 명의 인명을 함께 죽이고서 자취를 없애려고 그 배까지 불태우고서는 끝내는 왜구를 잡았다고 말을 꾸며서 군공을 나열하여 거짓으로 조정에 보고했습니다.

이는 광해군 4년(1612)의 기록인데, 제주목사 이기빈과 판관 문희현이 1611년 남경, 안남의 상인들이 제주도에 표류해 오자 수백 명의 사람들을 모두 죽이고, 그 재물들을 빼앗은 후 왜구를 잡아 죽였다고 거짓으로 조정에 보고했다는 것입니다. 그런데 남경, 안남의 상인들 중에는 유구국의 왕자가 있었다는 것이 훗날 『인조실록』에 의해 밝혀졌습니다.

하루는 유구국(琉球國)의 왕자(王子)가 보물을 가득 싣고 제주 경내에 정박했는데, 이는 대개 바람 때문에 표류하여 오게 된 것이었다. 이기빈이 판관 문희현(文希賢)과 포위하고 모조리 죽인 뒤 그 재화(財貨)를 몰수해 들였는데, 왕자가 정절(旌節)을 벌여 놓고는 안색을 변하지 않고 조용히 해를 당했으므로 이 소식을 들은 사람들이 애처롭게 여겼다.

『인조실록』의 이 기록처럼 이기빈과 문희현이 죽인 사람들 중에는 유구국의 왕자가 있었던 것입니다. 그래서 광해군 당시에도 이 사건에 대한 소문이 크게 퍼졌는데, 유구가 왕자를 살해한 조선에 원수를 갚으려고 한다는 소문이었습니다. 이를 보여 주는 다음과 같은 기록이 있습니다.

유구(琉球)가 제주(濟州)를 침범하여 원수를 갚고 싶어 한다는 말은 매우 흉악한데, 어떻게 잘 답변을 해야 할지 모르겠다. 서쪽 변방의 일이 비록 급하기는 하지만 남쪽에 대한 걱정도 어찌 잠시라도 잊을 수가 있겠는가. 수군(水軍)이 방비하는 등의 일을 속히 조치하도록 하라.

이는 광해군 14년(1622) 당시에도 유구가 왕자가 죽임을 당한 제주도를 침략하여 원수를 갚고자 한다는 소문이 있었음을 보여 줍니다. 당시 임금이었던 광해군은 이를 중대하게 여겨 수군이 속히 방어 준비를 하도록 지시했습니다. 이와 같이 1611년에 벌어진 유구 왕자 살해 사건의 복수를 위해 유구가 조선을 침략할 것이라는 소문은 당시 조선 사람들에게 잘 알려진 사실로 보입니다. 당시에는 홍길동이 유구에 건너가 왕이 되었다는 소문도 있었던 듯합니다. 1666년 홍만종이 쓴 『해동이적』에는 「해중선생」이라는 글이 있는데, 다음과 같습니다.

명나라에서 돌아온 사신이 있어 말하기를 "해외 어느 나라의 사신이 왕의 표문을 가지고 북경에 이르렀는데, 왕의 성씨가 공(共) 자 아래에 수(水) 자가 있으니 이는 무슨 글자인가?"라고 했다. 혹자는 그것이 길동이 성을 바꿔 그런 것이 아닌가 의심스러워했다.

이 기록에 따르면 명나라에 다녀온 사신이 조선에 돌아와 중국에서 들은 소문을 전했다고 합니다. 그 내용은 다음과 같습니다. 명나라에 방문한 어느 나라의 사신이 왕의 표문을 가지고 왔는데, 왕의 성씨가 '공(共) 자 아래에 수(水) 자가 있는' 성씨라는 것이었습니다. 수(水), 즉 수(氵)가 공(共)의 왼쪽에 있으면 홍(洪)이 되므로 홍길동이 성을 쓰는 방식을 바꾼 것으로 의심했다는 소문이 났다는 것이죠.

이와 같이 허균은 1611년 일어난 '유구 왕자 살해 사건'과 홍길동이 다른 나라에 건너가 왕이 되었다는 소문에서 아이디어를 얻어 1612년 『홍길동전』을 저술했던 것으로 보입니다.

그렇다면 실존 인물 홍길동은 정말 유구국에 건너가 왕이 되었을까요? 국문학자인 설성경은 1500년에 조선에서 잡힌 도적 홍길동이 처벌된 기록이 없으므로 홍길동이 1500년에 오키나와로 탈출했다고 주장했습니다. 1500년 유구국의 한 섬인 이시가키지마의 오하마무라 등에서 오야케 아카하치가 반란을 일으켰는데, 이 인물의 별명이 홍가와라, 즉 홍가왕(洪家王, 홍씨 왕)으로 불린다는 것입니다.

하지만 『연산군일기』에는 홍길동이 1500년 10월에 잡힌 이후 엄귀손 등 관련된 무리들을 처벌하는 내용이 12월까지 나옵니다. 이것은 같은 해인 1500년에 오키나와에서 반란을 일으킨 오야케 아카하치가 홍길동과 다른 인물이라는 반증이죠. 『홍길동전』에 나오는 홍길동처럼 도술을 부려 조선에 번쩍, 오키나와에 번쩍하지 않았다면 있을 수 없는 일이니까요. 결론적으로 홍길동이 처벌되었다는 기록이 없으므로 다른 나라로 탈출했을 가능성이 전혀 없다고는 할 수 없지만, 적어도 오키나와에 나타난 홍가와라는 홍길동과 전혀 다른 인물일 것입니다.

드라마 〈역적〉에서는 연산군 때 벌어진 무오사화와 갑자사화를 홍길동과 관련하여 묘사했습니다. 무오사화의 출발점은 김종직이 쓴 「조의제문」입니다. 김종직의 제자 김일손은 사초에 「조의제문」을 기록해 놓았습니다. 이 글은 중국 초나라의 항우가 조카 의제를 살해하고 왕위에 오른 것을 비판한 것으로, 사실은 수양대군이 조카 단종을 쫓아내고 왕위에 올라 결국엔 단종을 죽이기까지 한 것을 비판한 내용입니다. 한마디로 세조를 비판한 글입니다. 그런데 세조는 연산군의 할아버지였고, 연산군은 자신의 할아버지를 욕한 김종직을 처벌할 것을 명하는데, 이미 김종직은 죽었기 때문에 부관참시(무덤을 파내어 관을 부수고 시신의 목을 잘라 거리에 내거는 형벌)를 하게 됩니다. 이 드라마에서도 인용된 『연산군일기』의 기록을 봅시다.

지금 종직의 조의제문(弔義帝文)을 보오니, 입으로만 읽지 못할 뿐 아니라 눈으로 차마 볼 수 없사옵니다. 종직이 세조조에 벼슬을 오래하자, 스스로 재주가 한 세상에 뛰어났는데 세조에게 받아들임을 보지 못한다 하여, 마침내 울분과 원망의 뜻을 품고 말을 글에다 의탁하여 성덕(聖德)을 기롱했는데, 그 말이 극히 부도(不道)합니다. 그 심리를 미루어 보면 병자

년에 난역(亂逆)을 꾀한 신하들과 무엇이 다르리까. 마땅히 대역(大逆)의 죄로 논단하고 부관참시(剖棺斬屍)해서 그 죄를 명정(明正)하여 신민의 분을 씻는 것이 실로 사체에 합당하옵니다.

김종직 동상

이 사건은 김종직의 부관참시로만 끝나지 않았습니다. 김종직은 사림의 대표적 인물이었는데, 연산군의 아버지 성종 때 등용되어 훈구파를 견제하는 역할을 했습니다. 당연히 훈구파는 사림파를 제거할 기회를 노렸죠. 드디어 연산군 때 무오사화가 일어났고, 김일손 등 많은 사림파들이 처형당하고 유배를 가는 등 큰 피해를 당했던 것입니다.

갑자사화는 연산군이 생모인 폐비 윤씨의 복수를 한 사건입니다. 폐비 윤씨는 성종의 왕비였는데, 폐비되었다가 결국엔 사약을 먹고 죽임을 당했습니다. 당시 연산군은 어려서 이러한 사실을 잘 몰랐다가 갑자년인 연산군 10년(1504)에 폐비 과정에 연루된 대신들을 조사하여 처형하고, 이미 죽은 대신들은 부관참시를 했습니다. 이 드라마에서도 당시 상황을 보여 주는 장면이 묘사되었는데, 『연산군일기』에는 다음과 같이 기록되어 있습니다.

왕이, 모비(母妃) 윤씨(尹氏)가 폐위되고 죽은 것이 엄씨(嚴氏)·정씨(鄭氏)의 참소 때문이라 하여, 밤에 엄씨·정씨를 대궐 뜰에 결박하여 놓고, 손수 마구 치고 짓밟다가, 항과 봉을 불러 엄씨와 정씨를 가리키며 '이 죄인을 치라.' 하니 항은 어두워서 누군지 모르고 치고, 봉은 마음속에 어머니임을 알고 차마 장을 대지 못하니, 왕이 불쾌하게 여겨 사람을 시켜 마구 치되 갖은 참혹한 짓을 하여 마침내 죽였다. 왕이 손에 장검을 들고 자순 왕대비(慈順王大妃) 침전 밖에 서서 큰 소리로 연달아 외치되 '빨리 뜰 아래로 나오라.' 하기를 매우 급박하게 하니, 시녀들이 모두 흩어져 달아났고, 대비는 나오지 않았다. 그런데, 왕비 신씨(愼氏)가 뒤쫓아 가 힘껏 구원하여 위태롭지 않게 되었다. 왕이 항과 봉의 머리털을 움켜잡고 인수대비(仁粹大妃) 침전으로 가 방문을 열고 욕하기를 '이것은 대비의 사랑하는 손자가 드리는 술잔이니 한번 맛보시오.' 하며, 항을 독촉하여 잔을 드리게 하니, 대비가 부득이하여 허락했다. 왕이 또 말하기를, '사랑하는 손자에게 하사하는 것이 없습니까?' 하니, 대비가 놀라 창졸간에 베 2필을 가져다주었다. 왕이 말하기를 '대비는 어찌하여 우리 어머니를 죽였습니까?' 하며, 불손한 말이 많았다. 뒤에 내수사(內需司)를 시켜 엄씨·정씨의 시신을 가져다 찢어 젓 담가 산과 들에 흩어 버렸다.

이와 같이 연산군은 엄귀인, 정귀인이 자신의 어머니를 모함하여 죽였다 하여 직접 폭행을 하다가 정귀인의 아들 항과 봉을 불러 때리도록 시키고, 결국엔 참혹하게 죽였습니다. 또 할머니 인수대비의 처소로 찾아가 행패를 부렸는데, 이 사건 후 한 달여 만에 인수대비가 사망했습니다. 야사에는 연산군이 인수대비를 머리로 들이받아 그 후유증으로 사망했다는 기록까지 있습니다. 연산군의 행태로 보아 충분히 가능한 이야기라고 할 수 있죠.

드라마 〈여인천하〉

작가: 유동윤 **연출:** 김재형 **방송 연도:** 2001년~2002년 SBS 방송

줄거리: 이 드라마는 박종화의 소설 『여인천하』를 원작으로 하여 만들어졌습니다. 중종반정으로 왕이 된 중종 시대에 문정왕후, 윤원형(문정왕후의 동생), 정난정(윤원형의 첩)과 개혁을 주도한 조광조 등이 주요 인물로 등장했습니다. 이후 문정왕후의 아들 명종이 즉위하여 문정왕후가 수렴청정을 하는 내용까지 방송되었습니다.

〈여인천하〉로 배우는 **기묘사화와 을사사화**

연산군을 쫓아낸 중종반정으로 즉위한 중종은 반정을 주도한 공신들의 힘으로 왕이 되었으므로 즉위 초기에는 왕권이 매우 약했습니다. 연산군의 이복동생으로 진성대군이었던 중종은 즉위 전에 신씨(단경왕후)라는 부인도 있었어요. 그러나 즉위한 지 7일 만에 신씨는 왕비 자리에서 쫓겨났습니다. 신씨의 아버지 신수근은 연산군의 처남으로 중종반정에 참여할 것을 권유받았으나 이를 거부했다가 중종반정 당시에 죽임을 당했습니다. 결국 신씨는 역적의 딸이란 이유로 왕비의 자리에서 쫓겨난 것이죠. 2017년 KBS2에서 방송된 〈7일의 왕비〉가 바로 중종과 단경왕후 신씨의 사랑 이야기입니다. 이와 같이 중종은 사랑하는 부인과 강제 이혼당하는 처지의 힘없는 왕이었습니다.

중종은 왕권을 강화하기 위해 사림
파를 다시 등용하여 반정 공신 등 훈구
파를 견제하려고 했습니다. 이때 사림
파의 대표적 인물이 조광조였습니다. 사
림파는 3사에 주로 진출하여 훈구파를
공격하며 개혁을 추진했습니다. 사림파
는 미신을 국가 기관에서 주도하는 것
은 잘못되었다고 주장하여 소격서를 폐
지시켰고, 방납의 폐단을 수미법(공물을
쌀로 걷는 법)으로 해결할 것을 주장했습
니다. 또한 사림파의 진출을 더욱 늘리
기 위해 현량과라는 천거 제도를 실시
했습니다. 특히 위훈삭제를 요구했는데,
이것은 위훈, 즉 가짜 훈신(공신)을 중종
반정의 공신 명단에서 삭제해야 한다는
것이었습니다. 결국 전체 공신 중 4분의

조광조

3이 공신 명단에서 삭제되었습니다. 이 사건으로 훈구파와 사림파의 갈
등은 다시 고조되었습니다. 중종 역시 자신의 정통성에 큰 타격을 입었
다고 생각하여 조광조에 대한 신뢰가 깨지기 시작했죠.

　이러한 상황에서 일어난 사건이 기묘사화입니다. 먼저 『인종실록』을 봅
시다.

　남곤(南袞)은 주초(走肖)라는 참서(讖書)를 대내(大內)에 투입하여 선왕을
　현혹, 북문을 열게 하여 사류를 모조리 잡아서 그 음흉한 죄가 극도에

이르렀는데도 죽어서 그 귀(貴)를 누리고 아직도 벼슬을 삭탈하지 않았습니다.

이는 『인종실록』 인종 1년(1545) 5월 25일의 기록으로 당시 홍문관 부제학 나숙 등이 인종에게 올린 글의 일부입니다. 여기서 남곤이 중종을 현혹한 '주초(走肖)라는 참서(讖書)'는 나뭇잎에 '주초위왕(走肖爲王)'이라는 네 글자를 꿀로 써서 벌레가 파먹게 하여 중종에게 이를 보이고, 주초(走肖)는 조(趙)를 말하므로 조광조가 왕이 되려고 역모를 꾀하고 있다고 모함한 것을 말합니다. 이를 시작으로 조광조와 많은 사림파들이 처형당하고 유배를 갔는데, 이를 기묘사화라고 합니다.

중종이 죽자 큰아들인 인종이 즉위했는데, 중종의 왕비였던 문정왕후는 자신의 아들이었던 명종을 왕으로 만들고 싶어 했습니다. 인종은 문정왕후 이전에 왕비였던 장경왕후의 아들이었는데, 장경왕후의 오빠 윤임은 인종을 지지하는 세력인 대윤의 대표였습니다. 반면에 문정왕후의 남동생 윤원형은 명종을 지지하는 세력인 소윤의 대표였죠. 드라마〈여인천하〉에서는 윤원형의 첩 정난정이 인종의 탕약에 독을 타 독살하는 장면이 묘사되었습니다. 당연히 정난정의 뒤에는 문정왕후가 있었죠. 이러한 인종 독살설은 정말 사실이었을까요? 먼저 『인종실록』을 봅시다.

상이 경사전(景思殿)에 나아가 주다례(晝茶禮)를 지내고 자전(慈殿)에게 문안했다. 자전이 수가(隨駕)한 시종(侍從)·제장(諸將)에게 술을 먹이고 또 시종에게 호초를 넣은 흰 주머니를 내렸다.

이는 『인종실록』 인종 1년(1545) 6월 18일에 인종이 문정왕후에게 문안 인사를 한 사실을 기록한 것입니다. 야사에서는 이날 문정왕후가 인종에게 떡을 대접했다고 했는데, 이날 이후로 인종이 아프기 시작했다는 것이죠. 실제로도 인종은 이날 이후 아팠던 것으로 보입니다. 돌아가신 중종에 대한 제사를 6월 18일까지 하다가 19일부터는 중단되었는데, 공식적으로 인종이 아프다는 기록은 22일부터입니다. 그동안 인종이 중종에 대한 효심으로 밥을 잘 먹지 않고, 특히 고기반찬을 먹지 않아 체력이 매우 약해졌다고는 하나 문정왕후가 음식을 대접한 이후 인종이 몸이 아프기 시작했다는 것은 많은 사람들의 의심을 사기에 충분했습니다. 실제로 어린 명종이 즉위하자 권력은 수렴청정을 하게 된 문정왕후가 차지했습니다. 명종이 즉위한 해가 1545년 을사년이었는데, 문정왕후와 그 동생 윤원형의 소윤 세력이 인종을 지지하던 윤임의 대윤 세력을 제거한 사건이 을사사화입니다. 당시에 대윤 세력과 친했던 사림파들도 많은 피해를 입었습니다.

3. 왜란과 호란의 극복

영화 〈대립군〉

감독: 정윤철 개봉 연도: 2017년

줄거리: 영화 〈대립군〉은 두 가지 '대립군'의 이야기입니다. 하나는 '대립군(代立軍)'이고 다른 하나는 '대립군(代立君)'이죠. 다시 말해 다른 사람의 군역을 대신하는 '대립군(代立軍)'과 선조를 대신해 왕의 역할을 하는 '대립군(代立君)', 즉 광해군의 이야기입니다.

〈대립군〉으로 배우는 **선조의 피난과 광해군의 분조 활동**

이 영화는 다른 사람의 이름으로 오랑캐들과 싸우며 하루하루 살아가는 대립군들의 이야기로 시작합니다. 16세기 이후 군역이 문란해지면서 나타난 대립제(돈을 주고 군역에 다른 사람을 대신 내보내는 것)와 방군수포제(군포를 받고 군역을 면제해 주는 것)로 조선의 군사력이 약화되었음을 묘사한 것입니다. 이와 같이 조선군의 기강이 해이해진 상황에서 임진왜란이 일어나자 일본군은 순식간에 한양을 향해 진격했습니다. 모두 알다시피 선조는 명나라로 망명할 생각을 합니다. 이를 반대하는 신하들이 '싸우는 척이라도 해야 명나라가 원군을 보내 줄 것'이라고 주장하자, 선조는 이를 받아들여 광해군에게 조정을 나누어 주고 이른바 분조 활동을 맡깁니다. 이 상황을 잘 보여 주는 『선조실록』의 내용을 먼저 봅시다.

상이 대신에게 명하여 내부(內附)할 자문(咨文)을 작성하여 요동 도사(遼東都司)에게 발송하도록 하고, 영의정 최흥원, 참판 윤자신(尹自新) 등에게 명하여 종묘사직의 신주(神主)를 받들고 세자를 배종하여 강계로 가서 보전하도록 하고 조정의 신하들을 나누어 세자를 따라가도록 했다. 상이 문밖으로 나와 말을 타고 박천(博川)으로 떠날 무렵에, 상례(相禮) 유조인(柳祖訒)이 말 앞에서 울면서 아뢰기를, "세자로 하여금 대가(大駕)를 따르도록 하여 환난을 함께하소서." 하니, 상이 가엾은 마음으로 오랫동안 서서 위로하고 타이르자 세자가 지송처(祗送處)에 서서 소리 없이 눈물을 흘리니, 여러 신하들도 모두 눈물을 흘리면서 이별했다.

『선조실록』 선조 25년 6월 14일의 기록은 선조가 명나라로 망명을 요청하면서 세자 광해군에게 조정의 신하들을 나누어 주고 떠나도록 한 장면을 묘사하고 있습니다. 이때 유조인이 세자가 선조와 같이 이동하면서 환난을 함께해야 한다는 주장을 했지만 선조는 세자를 타일러서 떠나보냈고, 세자는 눈물을 흘리며 결국 떠났던 것이죠. 실제로 선조가 명나라로 망명할 수 있었을까요? 아마도 명나라에서는 선조를 한심한 왕으로 보았던 것 같습니다. 다시『선조실록』의 기록을 봅시다.

명나라에서 우리나라가 내부(內附)를 청한 자문(咨文)을 보고 장차 우리나라를 관전보(寬奠堡)의 빈 관아에 거처시키려고 한다는 소식을 듣고는, 상이 드디어 의주에 오래 머물 계획을 했다.

『선조실록』 선조 25년 6월 26일의 기록을 보면 선조가 명나라에 망명을 요청하자 명나라는 선조를 관전보에 머물게 하려고 합니다. 그래서 이

소식을 듣고 선조가 망명을 포기했다는 것입니다. 관전보는 어떤 곳이었을까요? 관전보는 만주의 변방 지역으로 당시 여진족들이 세력을 확장하던 상황에서 매우 위험한 곳이었습니다. 사실상 망명이 아니라 명나라의 위험한 국경 지역으로 유배를 가는 것과 똑같은 상황이었죠. 선조는 믿었던 명나라로부터도 버림을 받은 상황이었던 것입니다. 어쩌면 백성을 버린 선조에게 명나라가 버림받은 심정을 깨닫게 해 주는 인과응보였습니다.

한편, 이 영화는 광해군 일행이 대립군들과 이동하면서 벌어지는 일들을 묘사했는데, 대립군들 중 '곡수'란 인물은 광해군을 일본군에게 넘기겠다고 광해군을 칼로 위협합니다. 이것은 임진왜란 당시 임해군, 순화군 등을 붙잡아 일본군에게 넘겨 포로가 된 사건을 떠오르게 합니다. 먼저 『선조실록』의 기록을 봅시다.

임진년 왜변(倭變) 당시 임해군(臨海君)과 순화군(順和君)이 회령(會寧)으로 들어갔는데, 국경인(鞠敬仁) 등이 모반(謀叛)하여 관군(官軍)을 탈취했다. 두 왕세자와 김귀영(金貴榮)·황정욱(黃廷彧)을 결박하여 마구간에 구류시킬 적에 국경인의 조카사위와 같이 모의하여 두 왕세자를 결박한 노끈을 다시 단단히 묶고 물을 붓기까지 했으며, 이튿날 왜적이 본부(本府)로 들어오자 다시 결박하여 가등청정(加藤淸正)에게 부송했다.

위 기록처럼 국경인은 회령부의 아전으로 임해군, 순화군 등 두 왕자들을 붙잡아 노끈으로 결박하여 가토 기요마사에게 넘긴 인물입니다. 영화 〈대립군〉에서 광해군을 일본군에게 넘기려고 한 곡수의 실제 모델이죠. 국경인처럼 일본군에게 붙어 우리나라를 배신한 사람들은 왜 그랬을까요? 가장 큰 이유는 선조가 백성들을 버리고 압록강까지 도망을 치고 명나라로 망명까지 하려고 했기 때문입니다. 임금한테 버림받은 백성들에게 제대로 된 나라는 없었던 것이죠. 버림받은 백성들이 나라를 버리고 임금을 버리고 그 자식들인 왕자들을 버린 것입니다.

귀무덤(코무덤): 일본 교토 소재

이 영화에서는 광해군 일행이 일본군을 피해 도망가는 과정에서 시냇물에 떠내려가는 시신들을 발견하는 장면이 나옵니다. 시신들의 얼굴은 모두 코가 잘린 모습으로 묘사되었죠. 이것은 당시 일본군들이 전공을 입증하는 증거로 시신의 코와 귀를 잘라 갔기 때문입니다. 일본군은 코와 귀를 모아 일본으로 보내 전공을 확인하고 무덤을 만들기도 했는데, 이것이 바로 일본 곳곳에 남아 있는 코무덤, 귀무덤입니다. 임진왜란 당시 일본이 얼마나 잔악한 짓을 했는지 잘 보여 주는 증거입니다.

드라마 〈불멸의 이순신〉

작가: 윤선주, 윤영수 **연출**: 한준서, 이성주 **방송 연도**: 2004년~2005년 KBS1 방송

줄거리: 이 드라마는 이순신의 어린 시절부터 늦은 나이에 무과에 급제하고 강직한 성품으로 순탄치 않았던 관직 생활 등을 묘사했습니다. 특히 임진왜란 1년 전 전라좌수사로 발탁되어 거북선 등 무기를 개발하며 전쟁을 대비하는 과정, 임진왜란의 첫 승리 옥포 해전, 한산도 대첩, 명량 대첩의 승리 과정이 묘사되었고, 마지막에는 노량 대첩에서 전사하는 것으로 마무리되었습니다.

드라마 〈임진왜란 1592〉

작가: 감한솔, 김정애 **연출**: 김한솔, 박성주 **방송 연도**: 2016년 KBS1 방송

줄거리: 이 드라마는 드라마와 다큐가 합쳐진 팩츄얼 드라마로 제작되었습니다. 조선과 일본의 전쟁으로만 보아 온 시각을 조선, 명, 일본 사이의 국제전의 시각으로 바라본 드라마입니다. 그래서 당시 조선의 상황만 묘사하는 것이 아니라 일본이 전쟁을 왜 일으켰는지, 명나라는 왜 전쟁에 참전했는지 다각도로 전쟁을 바라보도록 만들었습니다.

\<불멸의 이순신\>과 \<임진왜란 1592\>로 배우는
임진왜란의 전개 과정

드라마 〈임진왜란 1592〉에서는 당시 일본이 왜 전쟁을 일으켰는지 전쟁 전의 상황을 묘사했습니다.

전국 시대를 통일하기 직전의 상황을 보여 주는 장면이 나오는데, 오다 노부나가, 도요토미 히데요시, 도쿠가와 이에야스 등 세 명이 대화를 합니다. 먼저 오다 노부나가는 조총으로 도자기를 쏘아 박살 내었는데, 이것은 오다 노부나가가 조총을 이용해 전국 시대를 통일한 인물임을 상징적으로 보여 주죠. 오다 노부나가는 울지 않는 두견새를 어떻게 하겠느냐고 묻습니다. 도요토미 히데요시는 어떤 방법을 쓰더라도 울게 만들겠다고 대답합니다. 결국엔 전국 시대를 통일한 것은 도요토미 히데요시였음을 보여 줍니다. 오다 노부나가는 울지 않는 두견새는 죽여 버리겠다고 합니다. 오다 노부나가가 전국 시대를 거의 통일한 상황은 무력에 의한 것임을 보여 주죠. 그러나 오다 노부나가는 측근에게 암살당하면서 끝이 납니다. 도쿠가와 이에야스는 두견새가 울 때까지 기다리겠다고 합니다. 도요토미 히데요시가 죽을 때까지 기다린 도쿠가와 이에야스는 결국 도쿠가와 막부를 열어 최후의 승자가 되었음을 말해 줍니다.

드라마 〈불멸의 이순신〉에는 일본의 상황을 파악하기 위해 보냈던 사신들인 황윤길과 김성일이 선조에게 정반대로 보고하는 내용이 묘사되었습니다. 정사인 황윤길은 동인으로서 일본이 침략 준비를 하고 있다고 보고했으나, 부사인 김성일은 서인으로서 일본은 전쟁을 일으키지 않을 것이라고 보고했습니다. 당시 조정은 동인과 서인으로 나뉘었는데, 동인은 황윤길의 보고를 지지하여 전쟁에 대비할 것을 주장했고, 서인은 김성일의 보고를 지지하여 전쟁에 대비하는 것은 혼란만 일으키는 것이라고 반대했습니다. 이처럼 조정의 의견이 정반대로 나뉘어 당쟁만 일으키면서 최종 결정권자인 선조는 제대로 된 대책을 결정하지 못했습니다.

전쟁을 대비하지 못한 상황에서 일본군이 부산에 상륙하자 조선군은 결사 항전했지만 일본군을 막지는 못했습니다. 일본군이 급속도로 올라오자 선조는 한양을 떠나 도망치기 시작했습니다. 〈불멸의 이순신〉에서도 이를 묘사했는데, 백성들 몰래 밤에 떠나는 선조의 행렬을 백성들이 막아섰지만 이를 막을 수는 없었습니다. 특히 경복궁으로 몰려간 백성들이 궁궐에 불을 지르는 장면은 백성들을 버린 임금을 백성들 역시 버렸음을 보여 주는 것입니다.

노량 대첩이 벌어진 바다: 경남 남해 소재

　임금도 버린 나라를 되찾은 것은 백성들이었습니다. 홍의장군 곽재우 등 여러 의병장들이 백성들과 함께 의병을 일으켰습니다. 〈불멸의 이순신〉에서도 의병들의 활약을 많이 묘사했는데, 특히 지형 지리를 잘 아는 의병들이 일본군을 늪지대 등으로 유인하여 매복 기습하는 게릴라 전술로 승리하는 장면들이 묘사되었습니다. 또한 이순신이 이끄는 수군이 바다에서 일본군에게 연전연승했는데, 특히 첫 승리였던 옥포 해전, 학익진으로 유명한 한산도 대첩, 13척으로 133척을 물리친 명량 대첩 등이 재미있게 묘사되었습니다. 그러나 임진왜란의 마지막이라고 할 수 있는 노량 대첩에서 이순신 장군이 전사하는 장면은 모두가 알다시피 매우 비극적이었습니다. 특히 갑옷을 입지 않고 붉은색 옷을 입은 채로 북을 치며 스스로 적의 표적이 되어 총을 맞아 숨을 거두는 장면은 이순신 장군 자살설에 바탕을 둔 것입니다.

명량 대첩 복원 모형

명량 대첩이 벌어진 바다: 전남 진도대교

한산도 대첩 복원 모형

거북선 모형

그렇다면 자살설은 왜 나온 것일까요? 먼저 임진왜란 당시 광해군을 호종한 공으로 금산군으로 봉해진 이성윤이 경남 남해군에 있는 충렬사에 써서 붙인 시의 일부를 봅시다.

공이 커도 상 못 탈 것을 미리 알고서 제 몸 던져 충성심을 보이려 결심했던가

금산군 이성윤은 광해군 9년 대북세력의 탄핵을 받고 남해에 유배되

어 있던 시기에 이순신 장군을 모신 충렬사에 위의 시를 썼습니다. 위 시에 따르면 이순신은 전공이 큼에도 불구하고 상을 못 탈 것을 알았다는 것이죠. 그래서 이순신은 자신의 충성심을 보이기 위해 '제 몸 던져' 전사를 하려 했다는 뜻입니다. 또한 명나라 수군 제독으로 이순신과 노량대첩 때 함께했던 진린의 「제이통제문」을 봅시다.

> 평시에 사람을 대하면 나라를 욕되게 한 사람이라, 오직 한번 죽는 것만 남았노라 하시더니. 이제 와선 강토를 이미 찾았고 큰 원수마저 갚았거늘 무엇 때문에 오히려 평소의 맹세를 실천해야 하시던고. 아, 통제여!

위 기록에 따르면 이순신은 평소 자신의 죽음으로 전쟁을 끝내겠다는 말을 자주 한 것으로 보입니다. 이순신의 부하였고 훗날 삼도수군통제사가 된 유형도 같은 이야기를 전합니다. 이처럼 이순신과 같은 시대를 살았던 이성윤, 진린, 유형 등이 이와 같은 생각을 했다는 것은 당시에도 많은 사람들이 이순신의 전사가 의도된 것이라고 생각했다는 근거입니다. 이러한 생각이 더욱 구체화된 것이 숙종 때 예조, 호조, 이조의 판서를 역임했던 이민서의 『서하집』「김장군전」에 실린 기록입니다.

> 장군(김덕령)이 사망하자 여러 장군들은 스스로 목숨을 보전할 수 없을 것이라고 의심했다. 곽재우는 병사들을 해산하고 떠나 벽곡(辟穀, 곡식을 끊고 산에 들어가 솔잎, 대추, 밤 등으로 생식하는 것으로 은둔함을 뜻함)하며 화를 피했고, 이순신은 싸움이 한창일 때 갑주를 벗고 스스로 탄환에 맞아 죽었다.

이민서가 말한 '갑주를 벗고'라는 표현을 진(晉)나라 장수 선진(先軫)이 '투구를 벗고 오랑캐의 군사 속으로 쳐들어가 전사했다(免冑入狄師死焉)'는『춘추좌씨전』의 고사와 같은 표현으로 해석하여, '용감하게 앞선다'라는 뜻이라고 해석해야 한다는 주장도 있습니다. 그러나 이것은 글의 맥락상 앞뒤가 맞지 않습니다. '김덕령이 역적으로 죽자, 곽재우는 은둔해 살았는데, 이순신은 용감하게 싸우다가 죽었다'라고 해석한다면 말이 안 되는 것이죠. 다시 말해 '김덕령이 역적으로 몰려 죽으니까 곽재우도 살기 위해 은둔했고, 이순신은 역적으로 몰려 죽지 않기 위해 갑옷을 벗고 싸우다가 명예로운 전사를 택한 것이다'라고 해석하는 것이 옳습니다.

만약 이순신이 전사하지 않았다면 임진왜란 직후 이순신은 어떻게 되었을까요? 이를 짐작할 수 있는 것이『선조실록』선조 30년(1597)에 실린 선조의 다음과 같은 전교 내용입니다.

"이순신(李舜臣)이 조정을 기망(欺罔)한 것은 임금을 무시한 죄이고, 적을 놓아주어 치지 않은 것은 나라를 저버린 죄이며, 심지어 남의 공을 가로채 남을 무함하기까지 하며【장성한 원균(元均)의 아들을 가리켜 어린 아이가 모공(冒功)했다고 계문(啓聞)했다】방자하지 않음이 없는 것은 기탄함이 없는 죄이다. 이렇게 허다한 죄상이 있고서는 법에 있어서 용서할 수 없는 것이니 율(律)을 상고하여 죽여야 마땅하다. 신하로서 임금을 속인 자는 반드시 죽이고 용서하지 않는 것이므로 지금 형벌을 끝까지 시행하여 실정을 캐내려 하는데 어떻게 처리할 것인지 대신들에게 하문하라."

한마디로 이순신은 역적이므로 고문을 하다가 죽여도 된다는 것입니다. 선조는 전쟁이 끝나지 않았음에도 불구하고 이순신을 김덕령처럼 고문으로 죽이려고 했습니다. 그렇다면 전쟁이 끝났을 때 더 이상 쓸모가 없어진 이순신은 또다시 역적으로 몰려 죽었을 가능성이 큽니다. 역적으로 몰려 죽는다는 것은 자신만의 죽음이 아닙니다. 3족을 멸한다는 말처럼 자신의 가족, 친척, 부하들까지도 죽을 수 있는 엄청난 죄가 역적죄입니다. 어차피 죽어야 한다면 주변 사람들에게는 해가 되지 않기를 이순신 역시 바랐을 것입니다.

결론적으로 이순신 장군의 죽음은 선조와 관련이 있습니다. 실제로 이순신 장군이 단순한 전사를 했을 수도 있지만, 많은 사람들은 이순신 장군이 스스로 죽음을 택했다고 생각했습니다. 즉 이순신 장군의 자살설은 백성을 버리고 도망친 임금, 나라를 구한 영웅을 질투한 임금 선조를 비난하기 위해 생겨났다고 할 수 있습니다.

드라마 〈별에서 온 그대〉와 〈푸른 바다의 전설〉

작가: 박지은 **연출:** 장태유(〈별에서 온 그대〉), 진혁(〈푸른 바다의 전설〉)

방송 연도: 2013년~2014년 〈별에서 온 그대〉, 2016년~2017년 〈푸른 바다의 전설〉

SBS 방송

줄거리: 드라마 〈별에서 온 그대〉의 주인공은 '도민준'이란 외계인입니다. 광해군 1년, 즉 1609년 강원도 지역에 나타난 UFO를 타고 온 외계인이 현재까지 400여 년을 살아왔다는 가상의 이야기를 바탕으로 합니다. 드라마 〈푸른 바다의 전설〉은 현대판 인어 이야기입니다. 조선 시대에 사또였던 김담령이 인어를 구해 주었는데, 이를 인연으로 두 사람은 사랑을 하게 되었죠. 비극적인 결말로 끝난 두 사람은 현대에 환생하여 다시 만나 사랑을 하게 됩니다.

〈별에서 온 그대〉와 〈푸른 바다의 전설〉로 배우는 조선 시대의 여러 모습들

드라마 〈별에서 온 그대〉에서는 도민준의 과거 회상 장면들을 바탕으로 조선 시대의 여러 모습들이 묘사되었습니다. UFO를 타고 온 외계인 도민준이 광해군 때 조선에 도착하여 가장 처음 만난 사람은 이화라는 소녀였습니다. 어린 나이에 혼인한 이화는 얼마 전 남편이 죽어 과부가 되었습니다. 이화가 괴한들에게 죽을 위기에 처했을 때 초능력을 써서 구해 준 사람이 도민준이었죠. 괴한들은 이화의 시댁에서 열녀비를 받기 위해 고용한 자들이었습니다. 광해군은 즉위하자마자 임진왜란 때 충신, 효자, 열녀를 조사하여 추앙하도록 했습니다. 먼저 『광해군일기』를 봅시다.

임진년 병란 이후 충신·효자·열녀들이 많으므로, 각도에서 계본(啓本)이 잇따라 들어오고 있다. 이들을 정표(旌表)하는 일에 대해서 속히 논의하고 복계하여 가상히 여기고 권장하는 뜻을 보이도록 하라. 그리고 임진년 이후 충신·효자·열녀들의 초상화가 있을 경우 구해 들이도록 하는 것이 좋겠다.

이는 『광해군일기』 광해군 1년 10월 17일의 기록입니다. 광해군이 충신, 효자, 열녀를 조사하여 추앙하게 한 이유는 자신이 임진왜란 때 분조 활동을 하면서 전란을 승리로 이끌었던 정통성을 강조하기 위해서였습니다. 임진왜란으로 혼란스러운 사회 질서를 바로잡기 위해서는 성리학적 질서를 다시 강화해야 한다고 생각한 것입니다. 그런데 이러한 과정에서 남편을 따라 죽은 과부들에게 열녀비, 열녀문을 내려 주어 추앙하게 되자 일부 양반 가문에서는 과부가 된 며느리에게 자살을 강요하는 등 희생된 경우가 많았습니다. 이러한 상황을 드라마 〈별에서 온 그대〉에서는 이화와 도민준의 만남을 통해 보여 준 것이죠.

이화는 도민준과 함께 자신의 친정으로 살아 돌아옵니다. 그러나 죽은 줄로만 알았던 딸이 모르는 남자와 돌아오자 이화의 부모님은 도민준에게 독약을 먹여 죽이려고 하죠. 독약으로 정신을 잃은 사이 도민준이 타고 온 UFO는 고향 별로 떠나 버립니다. 이후 간신히 살아난 도민준을 치료해 준 의사가 바로 허준입니다. 허준은 선조 때의 어의로 선조가 죽자

왕의 죽음에 책임을 지고 유배를 갔었는데, 마침 이 기간에 허준이 도민준을 치료해 준 것처럼 묘사를 한 것이죠. 이후 광해군은 백성들의 건강 문제를 해결하기 위해 허준에게 『동의보감』을 편찬하게 했는데, '통즉불통(通卽不痛) 불통즉통(不通卽痛)'이라는 말이 실려 있습니다. '통하면 아프지 않고, 통하지 않으면 아프다'는 뜻으로, 허준이 도민준과 대화하면서 한 말입니다. 도민준의 몸이 인간의 몸과 다르다는 것을 알게 된 허준이 기가 통하지 않는 외계인이 지구에 너무 오래 머물면 기가 통하지 않아 아프게 될 것이라고 충고한 것이죠.

허준의 동의보감 집필 과정 모형

조선에 살게 된 도민준은 순간 이동 등 여러 가지 초능력이 있었는데, 도술을 부린다는 소문이 났습니다. 이를 듣고 찾아온 허균은 도민준을 자신이 쓰고 있는 소설의 주인공으로 삼기 위해 도민준에게 도술을 보여 달라고 합니다. 이에 도민준이 순간 이동하는 모습을 보이자 허균은 깜짝 놀랍니다. 아마도 허균이 쓴 『홍길동전』의 주인공 홍길동이 동에 번쩍 서에 번쩍하는 도술을 부리는 것이 도민준을 모델로 한 것이라는 재미있는 묘사였습니다.

이 드라마에서 도민준은 『구운몽』을 가장 감명 깊게 읽은 책이라고 하며, 해리포터보다 무려 400년이나 앞선 신개념 판타지 소설이라고 평가했습니다. 『구운몽』은 김만중이 유배 기간 중 쓴 소설인데, 어머니를 위해 썼다고 합니다. 유배를 떠난 아들이 잘 지내고 있다는 것을 보여 드리고 어머니가 재미있게 읽도록 쓴 소설이죠. 김만중은 『사씨남정기』도 썼습니다. 『사씨남정기』는 당시 왕이었던 숙종이 인현왕후를 쫓아내고 장희빈을 중전으로 만든 것을 비판하기 위해 쓴 소설로 당시 백성들 사이에 급속도로 퍼져 읽혔습니다. 아내를 버리고 첩을 본처로 삼았던 남자가 자신의 잘못을 깨닫고 아내를 다시 본처로 삼는 내용이었는데, 이 소설의 영향인지 실제 숙종도 인현왕후를 중전으로 다시 되돌렸습니다.

이 드라마에서 시간은 다시 흘러 영조 때 한 기생이 도민준에게 그림을 선물했는데, 이것이 단원 김홍도의 풍속화 '무동'입니다. 그 기생은 김홍도가 왕세손의 초상화까지 그렸다며 당시 최고의 화공이라는 말을 했죠. 실제로도 김홍도는 당시 왕세손 이산(정조)의 초상화를 그릴 정도로 뛰어난 화공이었고, 정조 즉위 후에도 역시 어진화사(왕의 초상화를 그리는 화가)가 되어 정조의 초상화를 그린 것으로 알려져 있으나 1954년 화재로 불에 타 없어졌습니다. 현재 정조대왕 어진은 현대에 상상으로 다시 그린 것이죠. 또한 김홍도는 각종 풍속화를 그렸는데, 당시 백성들의 삶을 살펴볼 수 있는 중요한 자료이기도 합니다.

이 드라마에서는 도민준이 '담헌'이라는 호를 쓰고, '홍별감'이라는 호

김홍도의 그림 '무동'

칭으로 관상감에서 일하는 장면이 묘사되었습니다. 아마 도민준이 '담헌 홍대용'으로 살았던 것으로 묘사했던 것 같습니다. 어쨌든 도민준이 관상감에서 일하면서 동료에게 지구가 둥글고 움직인다는 이야기를 하는 장면이 등장하는데, 이것은 '허자'와 '실옹'의 대화로 이루어진 『의산문답』의 내용과 비슷합니다. 그 기록을 먼저 봅시다.

달이 해를 가리울 때는 일식(日蝕)이 되는데 가리어진 체(體)가 반드시 둥근 것은 달의 체가 둥근 때문이며, 땅이 해를 가리울 때 월식(月蝕)이 되는데 가리어진 체가 또한 둥근 것은 땅의 체가 둥글기 때문이다. 그러니 월식은 땅이 거울이다. 월식을 보고도 땅이 둥근 줄을 모른다면 이것은 거울로 자기 얼굴을 비추면서 그 얼굴을 분별하지 못하는 것과 같으니, 어리석지 않으냐? (중략) 대저 땅덩이는 하루 동안에 한 바퀴를 도는데, 땅 둘레는 9만 리이고 하루는 12시(時)이다. 9만 리 넓은 둘레를 12시간에 도니, 번개나 포탄보다도 더 빠른 셈이다.

위 기록을 보면 홍대용은 실옹의 입을 빌려 다음과 같이 지구가 둥글고 자전한다는 것을 설명했습니다. 일식 때 해가 달에 가려지는 모양을 보고 달이 둥근 것을 알 수 있으며, 월식 때 달이 가려지는 모양을 보고

지구가 둥근 것을 알 수 있다는 매우 현대적인 설명을 하고 있죠. 또한 지구가 하루 동안 도는 속도를 번개와 포탄에 비유하여 설명하는데, 실제로 1초에 465.1미터를 이동하는 속도이니까 거의 비슷한 셈입니다. 이러한 홍대용의 업적을 기리기 위해 천문학자인 전영범과 박윤호는 2001년 9월 25일 발견한 소행성의 이

어우야담

름을 '홍대용'으로 헌정했는데, 천송이의 동생이 발견한 소행성의 이름을 '도민준'이라고 헌정한 에피소드의 모티브가 되었다고 할 수 있죠.

드라마 〈푸른 바다의 전설〉 속 조선 시대 인어 이야기의 원전은 조선 중기 유몽인(1559~1623)이 쓴 야담집 『어우야담』입니다. 이 책 속 인어 이야기의 남자 주인공은 흡곡현의 사또였던 김담령인데, 그 내용을 잠깐 봅시다.

김담령이 흡곡현의 고을 원(員)이 되어 일찍이 봄놀이를 하다가 바닷가 어부의 집에서 묵은 적이 있었다. 어부에게 무슨 고기를 잡았느냐고 물었더니, 어부가 대답했다. "제가 고기잡이를 나가서 인어 6마리를 잡았는데 그중 둘은 창에 찔려 죽었고, 나머지 넷은 아직 살아 있습니다." 나가서 살펴보니 모두 네 살 난 아이만 했고 얼굴이 아름답고 고왔으며 콧대가 우뚝 솟아 있었다. (중략) 김담령이 가련하게 여겨 어부에게 놓아주라고 하자 어부가 매우 애석해하며 말했다. "인어는 그 기름을 취하면 매우

좋아 오래되어도 상하지 않습니다. 오래되면 부패해 냄새를 풍기는 고래기름과는 비할 바가 아니지요." 김담령이 빼앗아 바다로 돌려보내니 마치 거북이처럼 헤엄쳐 갔다. (하략)

『어우야담』은 유몽인이 당시의 신기한 이야기나 소문 등을 쓴 야담집입니다. 이 인어 이야기의 남자 주인공 김담령은 당시 실제 흡곡현의 사또였습니다. 김담령은 봄놀이 중 어부의 집에서 머문 적이 있었는데, 어부가 잡은 인어를 구경하게 됩니다. 김담령이 인어를 불쌍히 여겨 놓아주라고 했지만 어부가 이를 거부하려고 하자 김담령이 인어를 빼앗아 바다에 풀어 주었다는 이야기입니다. 다시 다음 기록을 봅시다.

사헌부가 아뢰기를, "흡곡현령(歙谷縣令) 김담령(金聃齡)은 사람 됨됨이가 난잡스러운데, 임지에 도착한 뒤로 오직 백성들의 재물을 빼앗는 것으로 일을 삼고 있습니다".

위의 『광해군일기』에 따르면 흡곡현령 김담령은 광해군 1년(1609) 사헌부의 탄핵을 받아 파직된 탐관오리입니다. 그런데 '백성들의 재물을 빼앗는 것으로 일을 삼고' 있다는 내용은 『어우야담』의 '김담령이 (인어를) 빼앗아 바다로 돌려보내니'라는 내용과 관련성이 있어 보입니다. 실제 김담령이 어부가 잡은 귀한 인어를 빼앗아 바다로 돌려보낸 사건이 있었고, 인어를 빼앗긴 어부가 중앙 관청에 민원을 제기할 만큼 세력이 있는 토호였다면 가능한 시나리오입니다.

『어우야담』에 따르면 김담령은 '봄놀이를 하다가 바닷가 어부의 집에서' 묵다가 인어를 보게 됩니다. 고을 사또가 봄놀이를 하다가 아무 집에서나 묵었다는 것은 말이 안 되기 때문에 실제 어부는 진짜 어부가 아니라 흡곡현 앞바다의 어장을 갖고 있는 토호였을 가능성이 큽니다. 즉 김담령은 토호의 집에서 붙잡혀 있는 인어를 보고 불쌍히 여겨 인어를 빼앗아 풀어 주었고, 이에 앙심을 품은 토호는 중앙 정부에 민원을 제기하여 김담령을 탐관오리로 몰아 탄핵하여 파직시켰다고 추측할 수 있습니다.

영화 〈광해〉

감독: 추창민 **개봉 연도**: 2012년

줄거리: 영화 〈광해〉는 진짜 광해군을 닮은 가짜 광해군의 이야기입니다. 진짜 광해군이 의식을 잃은 기간에 대신 광해군 역할을 하던 가짜 광해군이 대동법, 중립 외교 등을 하며 벌어졌던 일들을 가상으로 묘사한 영화입니다.

<광해>로 배우는 광해군의 대동법 실시와 중립 외교

광해군은 즉위하자마자 대동법을 경기도에 한해 실시하기 시작했습니다. 먼저 다음 기록을 봅시다.

선혜청(宣惠廳)을 설치했다. 전에 영의정 이원익(李元翼)이 의논하기를, "각 고을에서 진상하는 공물(貢物)이 각사(各司)의 방납인(防納人)들에 의해 중간에서 막혀 물건 하나의 가격이 몇 배 또는 몇십 배, 몇백 배가 되어 그 폐단이 이미 고질화되었는데, 기전(畿甸)의 경우는 더욱 심합니다. 그러니 지금 마땅히 별도로 하나의 청(廳)을 설치하여 매년 봄가을에 백성들에게서 쌀을 거두되, 1결(結)당 매번 8말씩 거두어 본청(本廳)에 보내면 본청에서는 당시의 물가를 보아 가격을 넉넉하게 헤아려 정해 거두어들인 쌀로 방납인에게 주어 필요한 때에 사들이도록 함으로써 간사한 꾀를 써 물가가 오르게 하는 길을 끊으셔야 합니다. 그리고 두 차례에 거두는 16말 가운데 매번 1말씩을 감하여 해당 고을에 주어 수령의 공사 비용으로 삼게 하고, 또한 일로(一路) 곁의 고을은 사객(使客)이 많으니 덧붙인 수를 감하고 주어 1년에 두 번 쌀을 거두는 외에는 백성들에게서 한 되라도 더 거두는 것을 허락하지 마소서. 오직 산릉(山陵)과 조사(詔使)의 일에는 이러한 제한에 구애되지 말고 한결같이 시행하도록 하소서." 하니, 따랐다.

이는 『광해군일기』 광해 즉위년 5월 7일의 기사로, 영의정 이원익의 제안으로 선혜청을 만들어 대동법을 실시하게 된 상황을 보여 줍니다. 당시 방납의 폐단은 매우 심하여 공납을 방해하는 방납인들의 농간으로 몇십 배, 몇백 배의 공물 값으로 백성들이 힘들어하는 것이 현실이었습니다. 영화 〈광해〉에서도 이에 대해 묘사하는데, 대동법을 실시하라는 가짜 광해군의 명령에 신하들은 지주들에게 불공평하다며 반대합니다. 이에 가짜 광해군은 비리를 저지른 관리를 불러들여 신하들을 꾸짖습니다. 비리 조사를 모든 신하들에게 할 수도 있다는 경고였죠. 실제 광해군은 전국으로 대동법을 확대 실시하자는 제안을 계속 거부했는데, 가짜 광해군처럼 진짜 광해군이 과감한 개혁을 하지 못했음을 보여 주죠.

또한 이 영화에서 가짜 광해군이 명나라와 후금과의 전쟁에 파병을 결정하는 장면은 매우 인상적입니다. 모든 신하들이 명나라에 대한 사대를 주장하면서 파병과 조공을 말하자 광해군은 부끄러운 줄 알라고 호통을 칩니다. 그리고 파병군 대장을 통해 후금 앞으로 밀지를 보냅니다. 조선은 명나라의 압력으로 어쩔 수 없이 파병을 했으니 항복한 조선군을 돌려보내 달라는 내용이었습니다. 사대의 명분보다 백성들의 목숨이 더욱

광해군 묘: 경기 남양주 소재. 인조반정으로 쫓겨난 광해군은 유배지 제주도에서 사망하였고, 시신이 옮겨져 먼저 사망한 문성군부인 유씨와 함께 합장되었습니다.

소중함을 말하는 장면은 매우 감동적이었습니다.

이와 같이 광해군에 대한 평가 중 가장 긍정적으로 평가하는 것은 현실적 중립 외교입니다. 당시 신흥강국으로 부상했던 후금, 그리고 가장 밀접한 관계를 맺고 사대의 예를 취하던 명, 그리고 두 강대국 사이에서 약소국이었던 조선의 왕, 광해군의 선택은 중립이었던 것입니다. 그렇다면 광해군이 중립을 지키는 외교를 펼칠 때 〈광해〉처럼 공개적으로 중립을 표방했을까요? 아니죠. 당시 명을 어버이의 나라로 섬기던 지배층 양반 사대부들의 엄청난 반발을 불러일으킬 수 있는(실제로 인조반정의 쿠데타로 이어짐) 중립 외교를 공개적으로 표방한다는 것은 있을 수 없는 일이었습니다. 실제로 명이 후금을 공격하면서 조선에 원군을 요청했을 때 광해군은 강홍립을 도원수로 삼아 1만 3,000명의 군대를 파병했습니다. 그러나 강홍립에게 밀지를 내려 적극적으로 나서지 말고 상황에 따라 대처하도록 명령했습니다.

이때 강홍립(姜弘立)과 김경서(金景瑞) 두 장수가 이미 밀지(密旨)의 내용대로 항복하여, 오랑캐에게 사신 가는 왕래가 끊이지 않게 되었다. 이에 중국 조정이 날로 심하게 의심하게 되고, 요동(遼東)과 광녕(廣寧)의 여러 진(鎭)들이 모두 의심하게 되었다.

이는 『광해군일기』의 내용으로, 강홍립이 광해군의 밀지대로 후금에게 항복했음을 보여 줍니다. 이와 같이 명군은 후금군에게 잇따라 패했고, 강홍립의 조선군은 후금에 항복했습니다. 이후 명의 파병 요청은 계속되었지만 광해군은 이를 적절히 거절하면서 후금의 반발을 불러일으키지 않았습니다.

영화 〈남한산성〉

감독: 황동혁 개봉 연도: 2017년

줄거리: 김훈의 소설 『남한산성』을 원작으로 하여 만들어진 영화입니다. 광해군이 인조 반정으로 쫓겨난 후 서인들의 친명배금 정책은 결국 나라를 전란의 소용돌이로 몰아넣었고, 백성들은 막대한 피해를 입고, 인조는 삼전도의 치욕을 당하게 됩니다. 남한산성에 고립된 백성들이 고난을 받고 있는 상황 속에서 대신들은 주전파와 주화파로 갈라져 싸우는 참담한 모습이 씁쓸한 영화입니다.

〈남한산성〉으로 배우는 **병자호란**

1627년 후금은 조선을 침략한 정묘호란을 일으켰습니다. 이때는 형제 관계를 맺고 돌아갔죠. 형제는 평등한 관계라고 볼 수도 있기에 조선도 이 정도는 받아들일 만하다고 생각했습니다. 그러나 1636년 후금은 청으로 국호를 바꾸고 조선에 군신 관계를 맺자고 강요했습니다. 군신은 임금과 신하의 관계이기 때문에 명백한 상하 관계입니다. 이때부터 주화파와 주전파의 논쟁이 시작되었습니다. 군신 관계를 맺고 평화를 유지하자는 최명길 중심의 주화파와 오랑캐에게 사대할 수 없기에 싸우자는 김상헌 중심의 주전파의 논쟁에서 결국은 주전파가 승리했습니다.

청은 이미 군신 관계를 맺지 않으면 쳐들어가겠다고 예고한 상황이었기 때문에 전쟁이 일어나는 것은 시간 문제였죠. 물론 조선도 이를 잘 알고 있었기 때문에 전략을 세워 미리 대비했습니다. 만주족은 유목 민족이었기 때문에 바다나 산에서는 제대로 싸우지 못했습니다. 그래서 인조는 전쟁이 일어나면 강화도로 들어가고 군대는 산성에 들어가 싸우는 전략을

최명길

세웠습니다. 그러나 청군이 예상보다 빨리 진격하여 강화도로 가는 길이 끊기자 인조는 어쩔 수 없이 남한산성으로 들어가 청군과 대치했습니다.

영화 〈남한산성〉의 이야기는 이때부터 시작이 됩니다. 한겨울에 고립된 조선 정부는 점차 식량이 부족해지면서(〈남한산성〉에서는 집의 지붕을 덮고 있던 볏짚을 말 먹이로 뜯어 가 백성들이 추위에 떨고, 나중에는 먹을 것이 없자 말을 죽여 말고기를 먹게 되는 어이없는 장면이 묘사되었죠) 다시 주화파와 주전파의 논쟁이 시작되었습니다. 당연히 주화파 최명길은 이제라도 항복하고 국가를 유지하자는 주장을 했고, 주전파 김상헌은 오랑캐와 끝까지 싸우다가 차라리 죽자는 주장을 했습니다. 이번 논쟁의 승리자는 최명길이었습니다.

최명길이 마침내 국서(國書)를 가지고 비국에 물러가 앉아 다시 수정을 가했는데, 예조 판서 김상헌이 밖에서 들어와 그 글을 보고는 통곡하면서 찢어 버리고, 인하여 입대(入對)하기를 청해 아뢰기를, "명분이 일단 정

해진 뒤에는 적이 반드시 우리에게 군신(君臣)의 의리를 요구할 것이니, 성을 나가는 일을 면하지 못할 것입니다. 그리고 한번 성문을 나서게 되면 또한 북쪽으로 행차하게 되는 치욕을 면하기 어려울 것이니, 군신(君臣)이 전하를 위하는 계책이 잘못되었습니다. 진실로 의논하는 자의 말과 같이 이성(二聖)이 마침내 겹겹이 포위된 곳에서 빠져나오게만 된다면, 신 또한 어찌 감히 망령되게 소견을 진달하겠습니까. 국서를 찢어 이미 사죄(死罪)를 범했으니, 먼저 신을 주벌하고 다시 더 깊이 생각하소서"라고 했다. 상이 한참 동안이나 탄식하다가 이르기를, "위로는 종사를 위하고 아래로는 부형과 백관을 위하여 어쩔 수 없이 이 일을 하는 것이다. 경의 말이 정대하다는 것을 모르지 않으나 실로 어떻게 할 수 없기 때문에 나온 것이다. 한스러운 것은 일찍 죽지 못하고 오늘날의 일을 보게 된 것뿐이다".

영화 〈삼전도의 치욕〉 콘티   #1. 남한산성

	(슬프지만 결연한 표정으로) 최명길: 나라와 백성을 살리기 위해서는 삼전도에 나아가 항복해야 합니다!
	(냉정하지만 강한 목소리로) 김상헌: 오랑캐에게 굴복하려 하신다면 신을 먼저 죽이십시오!
	(모든 걸 포기한 표정으로) 인조: 최명길이 옳다. 종묘사직을 보존하기 위해 오랑캐에게 절을 해서라도 살고자 한다.

『인조실록』의 이 기록에 따르면 최명길이 항복 국서를 쓰자 김상헌이 이를 찢어 버리고 자신은 이미 죽을죄를 지었으니 자신을 벌하고 인조가 다시 생각을 바꾸기를 주장했습니다. 그러나 인조는 '어쩔 수 없다'는 말로 김상헌의 주장을 받아들이지 않았습니다. 이후 김상헌은 자결을 시도합니다. 영화 〈남한산성〉에서는 자결하여 죽은 것으로 묘사되었지만 실제로는 죽지 않았습니다. 『인조실록』의 기록을 봅시다.

예조 판서 김상헌도 여러 날 동안 음식을 끊고 있다가 이때에 이르러 스스로 목을 매었는데, 자손들이 구조하여 죽지 않았다. 이를 듣고 놀라며 탄식하지 않는 자가 없었다.

김상헌 묘

이 기록에 따르면 김상헌은 여러 날 단식을 하다가 목을 매 자결하려는 것을 자손들이 막아 죽지 않았습니다. 이후 김상헌은 1641년 청나라로 끌려가 재판을 받았습니다. 사형을 선고받은 김상헌은 당시 청 황제인 순치제 덕분에 사형을 면하고 조선으로 돌아와 의주에서 감옥에 갇히는 금고형을 받게 됩니다. 1643년 다시 청으로 끌려간 김상헌은 1644년 명나라가 멸망하자 소현세자와 함께 조선으로 귀국했습니다. 그리고 1652년(효종 3년) 82세의 나이로 생을 마감했습니다. 그러니까 오랑캐에게 항복하느니 차라리 죽음을 택하겠다던 김상헌의 주장은 거짓말이었습니다. 김상헌은 병자호란이 끝나고도 16년을 더 살았으며, 라이벌 최명길이 1645년에 죽고도 7년을 더 살았던 것입니다.

결국 김상헌은 말로만 결사 항전을 주장했던 것이죠. 오랑캐와 싸우자던 사람이 오랑캐에게 끌려가 재판을 받고 살아남았다는 것은 그의 주장이 앞뒤가 맞지 않았다는 것을 보여 줍니다. 반면에 최명길은 광해군의 중립 외교가 어쩔 수 없는 현실임을 인정하고 국가의 보존과 백성들의 안전을 위해서 평화를 지켜야 한다는 입장이었습니다. 그 어떤 명분보다도 백성들의 생명이 소중하다는 것이었습니다. 이처럼 병자호란 이후 두 인물의 삶을 살펴보면 김상헌은 모순적인 행동을 보였으며, 최명길이 옳았음을 알 수 있습니다.

드라마 〈탐나는도다〉

작가: 이재윤, 신재원 **연출**: 윤상호, 홍종찬 **방송 연도**: 2009년 MBC 방송

줄거리: 정혜나의 만화 『탐나는도다』를 원작으로 하여 만들어진 드라마입니다. 드라마 〈탐나는도다〉는 일본 나가사키로 가는 상선을 타고 가던 영국인 청년 윌리엄이 배가 난파되어 제주도(탐라도)에 표류하여 한양까지 올라와 임금(인조)을 만나는 등 여러 가지 일들을 묘사했습니다.

〈탐나는도다〉로 배우는 **하멜과 박연 이야기**

드라마 〈탐나는도다〉 속 주인공 윌리엄의 실존 인물은 네덜란드 사람 하멜입니다. 하멜 일행이 제주도에 표류한 일은 『효종실록』에 다음과 같이 기록되어 있습니다.

제주 목사(濟州牧使) 이원진(李元鎭)이 치계(馳啓)하기를, "배 한 척이 고을 남쪽에서 깨져 해안에 닿았기에 대정 현감(大靜縣監) 권극중(權克中)과 판관(判官) 노정(盧錠)을 시켜 군사를 거느리고 가서 보게 했더니, 어느 나라 사람인지 모르겠으나 배가 바다 가운데에서 뒤집혀 살아남은 자는 38인이며 말이 통하지 않고 문자도 다릅니다. (중략) 이어서 가려는 곳을 물으니 낭가삭기라 했습니다." 했다. 이에 조정에서 서울로 올려 보내라고

하멜 동상

명했다. 전에 온 남만인(南蠻人) 박연(朴燕)이라는 자가 보고 '과연 만인 (蠻人)이다.' 했으므로 드디어 금려(禁旅)에 편입했는데, 대개 그 사람들은 화포(火砲)를 잘 다루기 때문이었다. 그들 중에는 코로 퉁소를 부는 자도 있었고, 발을 흔들며 춤추는 자도 있었다.

이는 『효종실록』 1653년(효종 4년) 8월 6일의 기록으로 제주도에 표류한 남만인(당시 서양인들을 남쪽 오랑캐라는 뜻으로 부른 명칭)들에 대한 보고입니다. 이에 따르면 서양인들은 낭가삭기, 즉 일본 나가사키로 가던 중 배가 난 파하여 제주도에 표류하여 도착합니다. 그래서 이들과의 통역을 위해 조 정에서 파견한 사람이 바로 박연인데, 원래 이름은 벨테브레도 역시 네덜 란드 사람이었습니다. 박연에 대한 기록은 정재륜이 쓴 『한거만록』에 남

벨테브레 동상

아 있는데, 먼저 그 기록을 봅시다.

박연은 남만인이다. 숭정 무진년 (1628)에 우리나라에 표착했다. (중략) 박연은 몸집이 크고 살이 쪘다. 눈이 파랗고 얼굴은 희었다. 금발의 수염이 배까지 늘어져 있어, 보는 사람마다 기이하게 생각했다. 박연은 우리나라 여자를 얻어 아들 하나와 딸 하나를 낳았다. 박연이 죽은 뒤 그들의 존부는 알려진 것이 없다.

여기에서 박연은 1628년 도착했다고 되어 있는데, 실제로 박연(벨테브레)은 히아베르츠, 피에테르츠 등과 함께 1627년 경주 바닷가에 표류하여 도착했습니다. 이후 박연은 조선에 귀화하여 한자 이름(원래 이름인 '얀 벨테브레'의 성 '벨테브레'에서 '박'을 따고, 이름 '얀'에서 '연'을 따 '박연'으로 지은 것으로 추정됩니다)도 갖게 되었고, 조선인 여성과 결혼하여 1남 1녀를 낳아 정착했던 것입니다.

드라마 〈탐나는도다〉에서도 박연이 윌리엄을 자신의 집에 초대했는데, 박연이 조선인 아내와 아들과 딸을 키우며 사는 모습을 묘사했죠. 당시 조선인들은 박연의 출신 국가가 네덜란드라는 것도 알았던 것으로 보입니다. 다시 윤행임이 쓴 『석재고』의 기록을 봅시다.

박연은 하란타(河蘭陀)인이다. 조정에서는 훈련도감에 예속시켜 항왜와 표류해 온 중국인을 거느리게 했다. 박연의 이름은 호탄만이다. 병서에

재주가 있고 화포를 매우 정교하게 만들었다. 박연은 그 재능을 살려 나라에 홍이포의 제(制)를 전했다.

'하란타'는 '홀랜드(Holland)', 즉 '네덜란드'입니다. 네덜란드 사람들은 자신의 나라 이름을 '홀랜드'라고 불렀기 때문에 그 소리를 들은 조선인들이 한자로 '하란타'로 표현한 것임을 알 수 있죠. 박연은 훈련도감에 배속되어 홍이포를 제작하는 일을 했는데, 홍이포는 네덜란드에서 만든 대포를 명나라에서 수입하여 모방하여 제작한 대포입니다. '홍이(紅夷)'는 '붉은색 머리카락의 오랑캐'라는 뜻으로 네덜란드인들의 머리카락 색깔이 붉어서 붙여진 네덜란드인들의 별명이었죠. 당시 조선인들 역시 네덜란드인들이 홍이포의 원조 국가라는 것을 알았던 것으로 보입니다. 네덜란드인 박연의 재능을 살려 홍이포를 제작하는 일에 배치했으니까요.

위 기록 중 이상한 것이 조선인들은 박연의 네덜란드식 이름을 '호탄만'이라고 알았다는 것입니다. 그 이유는 사실 간단한데, 박연의 배에서의 직책이 '호프만(hopman)'이었기 때문이죠. 이는 네덜란드어로 '중대장'이라는 뜻인데, 이 말이 조선인에게는 '호탄만'으로 들렸던 것이죠. 다시 말해 박연은 배에서 갑판장, 항해사 정도의 중대장급 선원이었을 가능성이 높습니다. 당시 상선들은 해적 등에 대비하기 위해 배에 대포, 총 등의 무기를 싣고 다녔는데, 갑판장, 항해사 정도의 선원들은 무기 전문가였다고 할 수 있습니다. 즉 박연은 자신의 재능을 살려 훈련도감에서 홍이포 등을 제작하는 일에 종사했던 것이죠.

하멜 일행의 이야기로 돌아갑시다. 하멜 일행은 일본 나가사키로 보내 달라고 했지만 조선 조정은 이들을 훈련도감에 배치하여 무기 제작을 돕도록 했습니다. 그러나 하멜 일행은 조선을 탈출하고 싶어 했습니다. 『효종실록』을 봅시다.

당초에 남만인(南蠻人) 30여 인이 표류하여 제주(濟州)에 이르렀으므로 목사 이원진(李元鎭)이 잡아서 서울로 보내었다. 조정에서 늠료를 주고 도감(都監)의 군오(軍伍)에 나누어 예속시켰다. 청나라 사신이 왔을 때에 남북산(南北山)이라는 자가 길에서 곧바로 하소하여 고국으로 돌려보내 주기를 청하니, 청사가 크게 놀라 본국을 시켜 잡아 두고 기다리게 했다. 남북산이 애가 타서 먹지 않고 죽었으므로 조정이 매우 근심했으나, 청나라 사람들이 끝내 묻지 않았다.

이는 1655년(효종 6년) 4월 25일의 기록으로 청나라 사신이 한양에 왔을 때 하멜 일행 중 한 명이 길에서 갑자기 나타나 청나라 사신에게 네덜란드로 돌아가게 해 달라고 호소했음을 보여 줍니다. 그러나 청나라 사신은 이에 대해 문제 제기를 하지 않았고, 하멜 일행은 더 이상 이러한 일을 할 수 없도록 전라도로 유배되었습니다. 이후 탈출의 기회를 노리던 하멜 일행은 1666년 어선을 구해 일본 나가사키로 탈출했습니다. 1668년 네덜란드로 귀국한 하멜은 자신의 소속 회사인 동인도 회사에 13년간 못 받은 임금을 청구하기 위한 증거를 제출했는데, 이 보고서가 바로 『하멜 표류기』입니다.

『하멜 표류기』는 조선과 조선인에 대해 나쁜 평가를 많이 했는데, 그 이유는 조선 조정이 하멜 일행이 고국으로 돌아가는 것을 막고, 유배를 보내 노역을 시키는 처벌을 했기 때문입니다. 그렇다면 당시 조선 조정은 왜 하멜 일행이 네덜란드로 돌아가는 것을 막았을까요? 그 이유는 바로 효종의 북벌 정책과 연관이 있습니다. 당시 효종은 청나라를 정벌하기 위해 대포, 총 등 무기 제작과 군사 훈련을 하는 북벌 정책을 추진했습니다. 홍이포 전문가인 벨테브레를 훈련도감에 배치하여 효과를 본 조선 정부는 같은 네덜란드 출신인 하멜 일행을 역시 훈련도감에 배치했습니다. 이와 관련된 내용이 『하멜 표류기』에도 다음과 같이 나옵니다.

> 그들은 세계의 무게가 자신들의 어깨에 얹혀 있기라도 한 것처럼 맹렬히 군사 훈련을 했다.

이와 같은 군사 훈련의 목적은 북벌 정책, 즉 청나라를 정벌하는 것이었습니다. 그런데 이러한 사실을 알게 된 하멜 일행을 청나라나 일본을 통해 네덜란드로 돌아가게 한다는 것은 조선에게 어떤 의미였을까요? 아마도 중대한 군사 기밀을 다른 나라에 넘겨주는 것과 같다고 판단했을 것입니다. 그런데 청 사신에게 갑자기 나타난 하멜 일행으로 북벌 정책이 청나라에게 발각될 위험에 처하게 되었습니다. 그러나 청 사신은 아무 문제 제기를 하지 않았고, 조선은 이를 은폐하기 위해 하멜 일행을 유배 보냈던 것이죠. 다시 말해 조선은 북벌 정책에 필수적인 무기 개발에 하멜 일행을 이용했다가 이를 들키지 않기 위해 유배를 보내 억류했다고 볼 수 있을 것입니다.

4. 붕당 정치의 변질과 탕평 정치

드라마 〈비밀의 문〉

작가: 윤선주 **연출**: 김형식 **방송 연도**: 2014년 SBS 방송

줄거리: 드라마 〈비밀의 문〉에는 '맹의'라는 문서가 나옵니다. 아마도 '맹의'는 경종 독살설의 증거가 아닐까요? 이 드라마에서 '맹의'는 영조와 노론이 결탁한 증거이자 사도세자가 영조를 '적'이라 여기게 만들 수 있는 문서입니다. 그렇다면 '맹의'는 경종 독살설의 증거일 수밖에 없습니다. 즉 이 드라마는 경종 독살설에 바탕을 두고, 사도세자가 사실은 미친 것이 아니라 노론 세력의 모함에 따라 억울한 죽음을 당한 것이라는 이야기입니다.

〈비밀의 문〉으로 배우는 **경종 독살설**

경종 독살설은 정말 사실일까요? 우리 역사상 '왕으로 인정할 수 없다'는 소리를 가장 많이 들었던 왕이 영조였습니다. 왜 그랬을까요? 영조는 즉위하자마자 숙종의 친아들이 아니라는 의심을 받았습니다. 영조의 아버지 숙종은 임종할 때 아들이 둘뿐이었는데 큰아들이 그 유명한 장희빈의 소생인 경종이고, 또 하나는 침방나인 출신이었던 숙빈 최씨의 소생인 영조입니다.

숙빈 최씨가 무수리였다는 이야기는 영조가 미천한 천민 출신의 아들로 만들기 위해 반대파들이 만들어 낸 이야기로 보입니다. 침방나인은 궁궐의 바느질을 담당한 부서의 궁녀인데, 궁궐에서 가장 힘든 역할을

의릉: 서울 성북구 소재. 경종의 능입니다.

맡은 궁녀였습니다. 그래서 영조는 평생 누비옷을 입지 않았다고 하는데, 그 이유는 어머니가 침방나인 시절 '세누비(누빈 줄이 촘촘하고 고운 누비)가 가장 하기 힘들었다'는 말을 했기 때문이라는 것이죠. 즉 영조는 가장 천한 궁녀 출신의 어머니를 둔 왕이었습니다. 이러한 미천한 출신 성분으로 영조는 숙종의 자식이 아니라는 유언비어가 퍼지기도 했던 것입니다.

영조에 대해 왕으로 인정할 수 없다고 주장하는 세력들의 중요한 이유가 바로 경종 독살설입니다. 경종 독살설이란 연잉군(영조)이 경종의 수라상에 게장을 올리고, 곧바로 생감을 올렸는데 게장과 생감은 한의학적으로 꺼리는 상극이라고 합니다. 먼저 『경종실록』을 봅시다.

약방에서 입진(入診)하고 여러 의원들이 임금에게 어제 게장[蟹醬]을 진어하고 이어서 생감[生柿]을 진어한 것은 의가(醫家)에서 매우 꺼려 하는 것이라 하여, 두시탕(豆豉湯) 및 곽향정기산(藿香正氣散)을 진어하도록 청했다.

기록에 따르면 경종이 게장과 생감을 먹은 것은 사실이지만 누가 이러한 음식들을 수라상에 올린 것인지는 나오지 않았습니다. 어쨌든 바로 그날 밤부터 경종은 심각한 병세에 빠지고 5일 만에 어의(御醫)가 자신이 처방한 약과 서로 상극이라면서 절대로 써서는 안 된다고 말렸던 인삼차를 연달아 세 번이나 올렸는데 그 직후 경종이 세상을 떴던 것입니다. 이렇게 영조가 즉위하자 전국 각지에는 경종이 독살당했다는 벽서가 나붙기 시작했습니다. 이천해는 영조가 능에 행차할 때 어가를 가로막으며 영조를 비난했는데, 영조는 이천해의 말을 '차마 들을 수 없는 말'이라며 사관에게 싣지 못하도록 명해서 실록에는 다만 '들을 수 없는 말(不忍之言)'이라고만 기록되어 있습니다. 아마 경종 독살설과 영조의 천한 성분을 언급했을 것입니다.

영조 4년에 소론 강경파가 경종의 복수를 내걸고 군사를 일으킨 것이 바로 이인좌의 난입니다. 영조가 이 사태를 진압하고 한동안 잠잠해집니다. 그러나 영조 31년에 발생한 나주 벽서 사건으로 경종독살설은 다시 재연되었고, 국문당하던 신치운이 경종에게 게장을 올린 사람이 영조였다는 경종 독살설을 다시 꺼냈습니다. 『영조실록』을 봅시다.

> 신치운이 말하기를, "성상께서 이미 이처럼 의심하시니, 신은 자복을 청합니다. 신은 갑진년부터 게장을 먹지 않았으니 이것이 바로 신의 역심(逆心)이며, 심정연의 흉서 역시 신이 한 것입니다."

이렇게 정계에서 소외된 소론 강경파와 남인들은 경종 독살설을 사실로 받아들였고, 영조의 통치 기간이 끝날 때까지 이 논쟁은 틈만 생기면 재연되었던 것입니다. 그렇다면 이 소문은 사실이었을까요? 다시 『영조실록』의 기록으로 돌아갑시다.

> 그러므로 신치운을 정형(正刑)에 처한 뒤에 울며 우리 자성(대왕대비 인원
> 왕후)께 아뢰었는데, 자성의 하교를 듣고서야 그때 황형(경종)께서 '계장
> 을' 진어(進御)한 것이 동조(東朝, 세제 연잉군, 즉 영조)에서 보낸 것이 아니
> 요, 곧 어주(御廚)에서 공진(供進)한 것임을 알았다. 우리 황형의 예척(禮
> 陟)은 그 후 5일 만에 있었는데, '무식한 시인(侍人)이 지나치게 진어했다'
> 는 말로써 효경(梟獍)의 무리가 고의로 사실을 숨기고 바꾸어 조작하여
> 말이 감히 말할 수 없는 자리에까지 핍박했다.

위 기록은 영조의 해명입니다. 경종에게 게장을 올린 것이 자신이 아
니었음을 강변했습니다. 그러나 게장과 생감을 올린 것이 영조가 아니라
고 하더라도 경종을 독살했다는 의심에서 벗어나지는 못합니다. 그 이유
는 『경종실록』의 다음 기록 때문입니다.

> 세제(世弟)가 울면서 말하기를, "인삼(人蔘)과 부자(附子)를 급히 쓰도록
> 하라."했고, 이광좌가 삼다(蔘茶)를 올려 임금이 두 번 복용했다. 이공윤
> (李公胤)이 이광좌에게 이르기를, "삼다를 많이 쓰지 말라. 내가 처방한
> 약을 진어하고 다시 삼다를 올리게 되면 기(氣)를 능히 움직여 돌리지 못
> 할 것이다." 하니, 세제(世弟)가 말하기를, "사람이란 본시 자기의 의견(意
> 見)을 세울 곳이 있긴 하나, 지금이 어떤 때인데 꼭 자기의 의견을 세우려
> 고 인삼 약제를 쓰지 못하도록 하는가?" 했다. 조금 지나자 임금의 안시
> (眼視)가 다소 안정되고 콧등이 다시 따뜻하여졌다. 세제가 또 말하기를,
> "내가 의약(醫藥)의 이치를 알지 못하나, 그래도 인삼과 부자가 양기(陽

氣)를 능히 회복[回陽]시키는 것만은 안다." 했다.

위 기록에 따르면 경종의 상태가 계속 안 좋아지자 세제 연잉군이 인삼차를 올리도록 주장했고, 그에 따라 경종은 인삼차를 두 번 복용했습니다. 그러자 이공윤이 자신이 처방한 약과 인삼차는 상극이므로 쓰지 말라고 주장합니다. 그러나 영조는 자신의 주장을 굽히지 않고 경종에게 인삼차를 다시 복용하도록 했고, 결국 경종은 사망에 이르게 됩니다.

그렇다면 영조는 경종을 정말 독살했을까요? 명백한 증거가 없지만 충분히 의심이 되는 것은 사실입니다. 일단 경종이 게장과 생감을 먹은 것은 사실입니다. 당시에도 의원들에게는 게장과 생감이 상극이라는 것은 상식이었습니다. 특히 영조는 경종에게 인삼차를 처방할 정도로 의학적 지식이 어느 정도는 있었다고 볼 수 있습니다. 당연히 게장과 생감에 대한 지식도 알고 있었다고 보는 것이 옳을 것입니다. 결정적으로 의학 전문가인 이공윤이 쓰지 말라는 인삼차를 경종이 계속 복용하도록 만들고, 그 직후 사망했다는 것은 누가 보더라도 의심을 살 수밖에 없는 행동이었습니다. 하지만 심증만 있지 확증이 없기 때문에 영조에 대한 의심은 영원히 해결될 수 없는 문제이지요.

영화 〈사도〉

감독: 이준익 **개봉 연도**: 2015년

줄거리: 사도세자가 칼을 들고 자신의 무리들을 이끌며 영조의 처소에 찾아가는 장면으로 영화는 시작됩니다. 이 장면은 사도세자의 부인이었던 혜경궁 홍씨가 쓴 『한중록』을 바탕으로 한 것이죠. 이 사건으로 영조는 사도세자를 죽이기로 결심하고 뒤주에 가둡니다. 사도세자가 뒤주에 갇힌 8일 동안의 이야기와 함께 사도세자가 어렸을 때부터의 회상 장면으로 아버지와 아들의 관계가 왜 악화되었는가를 설명하는 영화입니다.

〈사도〉로 배우는 **사도세자 죽음의 비밀**

영화 〈사도〉에서는 영조가 사도세자를 뒤주에 가둬서 죽이는 과정을 묘사했습니다. 그러나 영조가 왜 사도세자를 죽여야 했는지에 대해서는 제대로 된 설명이 나오지 않습니다. 도대체 영조는 사도세자를 왜 죽였던 것일까요? 그 이유를 알기 위해서는 영조의 말을 먼저 들어 보는 것이 좋을 것 같습니다.

아! 자고로 무도한 군주가 어찌 한둘이오만, 세자 시절에 이와 같다는 자의 얘기는 내 아직 듣지 못했노라. 그는 본래 풍족하고 화락한 집안 출신이나 마음을 통제치 못하더니 미치광이로 전락했더라.

융릉: 경기 화성 소재. 사도세자와 혜경궁 홍씨의 합장릉입니다.

　이는 「어제사도세자묘지문(御製思悼世子墓誌文)」의 일부입니다. 영조가 구술하여 쓴 사도세자에 대한 묘지문이죠. 이 내용에는 사도세자를 뒤주에 가둬 죽인 이유가 나옵니다. 사도세자가 미치광이가 되어 무도한 군주가 될 것이라는 예상이었습니다. 그렇다면 영조는 왜 사도세자가 무도한 군주가 될 것이라고 생각한 것일까요? 다시 『영조실록』의 다음 기록을 봅시다.

　네가 왕손(王孫)의 어미를 때려죽이고, 여승(女僧)을 궁으로 들였으며, 서로(西路)에 행역(行役)하고, 북성(北城)으로 나가 유람했는데, 이것이 어찌 세자로서 행할 일이냐? 사모를 쓴 자들은 모두 나를 속였으니 나경언이 없었더라면 내가 어찌 알았겠는가? 왕손의 어미를 네가 처음에 매우 사랑하여 우물에 빠진 듯한 지경에 이르렀는데, 어찌하여 마침내는 죽였느냐? 그 사람이 아주 강직했으니, 반드시 네 행실과 일을 간(諫)하다가 이로 말미암아서 죽임을 당했을 것이다.

이는 영조 38년(1762) 5월 22일의 기사로, 나경언이 사도세자가 벌인 악행에 대해 고변을 하자 영조가 사도세자를 불러 질책하면서 한 말입니다. 그런데 가장 충격적인 것이 '왕손의 어미를 때려죽였다'는 내용입니다. '왕손의 어미'는 사도세자의 아들 은전군을 낳은 궁녀인 빙애(경빈 박씨)를 말합니다. 즉 사도세자가 자신의 아들을 낳은 여인까지 폭행하여 살인을 저질렀다는 것이죠. 다음은 「폐세자반교」에 나오는 내용입니다.

세자가 내관, 내인, 하인을 죽인 것이 거의 백여 명이오며, 그들에게 불로 지지는 형벌을 가하는 등 차마 볼 수 없는 일은 이루 말로 다 할 수 없습니다. (중략) 지난번 제가 창덕궁에 갔을 때 몇 번이나 저를 죽이려고 했는데 겨우 제 몸의 화는 면했습니다만, 지금 비록 제 몸이야 돌아보지 않더라도 우러러 임금의 몸을 생각하면 어찌 감히 이 사실을 아뢰지 않겠습니까? (중략) 지금 임금의 위험이 숨 쉴 사이에 있으니, 어찌 감히 제가 사사로운 모자의 정에 이끌려 사실을 아뢰지 않겠습니까?

이 글은 사도세자를 세자에서 폐한다는 교지를 반포하면서 영조가 내린 것으로, 위 내용은 사도세자의 생모인 영빈 이씨가 사도세자의 죄를 영조에게 고한 것입니다. 이에 따르면 사도세자가 죽인 사람이 '거의 백여 명'이었고, 생모인 영빈 이씨를 죽이려고 했으며, 심지어 임금, 즉 영조까지 죽이려고 했다는 것입니다. 다음은 사도세자의 부인 혜경궁 홍씨가 쓴 『한중록』의 일부입니다.

점치는 맹인들도 점을 치다가 말을 잘못하면 죽이니, 의관이며 호위무관이며 그 밖에 아랫것들 죽은 것도 있고 병신된 것도 있느니라. 대궐에서

하루에도 죽은 사람 여럿을 져 낼 때가 있으니, 안팎으로 두려워 심히 말들이 많더라.

이 글에 따르면 사도세자는 하루에도 살인을 여러 건 저지를 정도였습니다. 즉 아버지 영조, 어머니 영빈 이씨, 아내 혜경궁 홍씨 등 가족 모두가 사도세자에 대해 공통적으로 증언하는 것은 여러 건의 살인을 저지른 연쇄살인자였다는 것입니다. 이것이 바로 영조가 사도세자를 죽인 이유였습니다. 영조는 69세였는데, 당시로는 엄청난 고령이었죠. 살날이 얼마 남지 않았다고 생각한 영조는 자신이 죽으면 사도세자가 왕위를 계승하고 어떤 일이 벌어질지 생각했을 것입니다. 폭군으로 쫓겨난 연산군도 수많은 신하들을 처형했지만 직접 살인을 저지르지는 않았습니다. 그런데 직접 살인을 저지르는 폭군이 나타난다면 그 결과는 '반정'이 될 것입니다. 연산군을 쫓아낸 중종반정이나 광해군을 쫓아낸 인조반정이나 공통점이 왕을 처형하지는 않았지만 세자를 처형한 것은 일치했습니다. 즉 사도세자가 왕이 되어 반정으로 쫓겨난다면 세자가 되었을 세손, 즉 정조가 처형당했을 가능성이 큽니다. 다시 말해 영조는 사도세자를 죽여 정조에게 왕위를 계승시키려는 생각을 했던 것으로 보입니다. 이것은 당시 사도세자도 느꼈던 것 같습니다. 다시 『한중록』의 기록을 봅시다.

세손을 귀하게 대하시니, 세손이 있는 이상, 날 없애도 상관없지 않은가?

이는 사도세자가 혜경궁 홍씨와 대화 중 한 말로 영조가 세손(정조)을 귀하게 생각하여 세손이 있으니까, 즉 왕위계승자가 있기 때문에 자신을 죽일 수도 있다고 생각한다는 이야기입니다. 게다가 사도세자는 자신을 죽이면서 벌어질 일도 예상을 했습니다. 다시 『한중록』을 봅시다.

나를 폐하고 세손을 효장세자의 양자로 삼으면 어찌할까 본고.

즉 사도세자를 세자에서 폐하고 세손을 죽은 형이었던 효장세자의 양자로 삼아 세손을 왕위계승권자로 만들 것이라는 것을 정확히 예측했습니다. 이것은 「어제사도세자묘지문」에서도 확인됩니다. 그 내용을 봅시다.

이에 다시 예전의 호를 회복하게 하고 시호를 특별히 하사하여 사도라 하겠노라. 오호라, 30년 가까운 아비의 의리가 예까지 이어질 뿐이니 이 어찌 너를 위함이겠는가? 오호라, 신축일의 혈통을 계승할 데 대한 교시로 지금은 세손이 있을 뿐이니 이는 진실로 나라를 위한 뜻이니라.

위 내용은 세자에서 폐해진 상황에서 죽은 사도세자에게 '사도'란 시호를 내려 세자의 지위를 회복시켜 준 이유가 사도세자를 위한 것이 아니라 왕위계승의 혈통이 세손으로 이어지는 것을 위해 한 조치라는 것입니다. 즉 영조는 이 모든 것이 정조를 왕위계승자로 만들기 위해 한 일임을 자신의 입으로 다시 말한 것입니다. 실제로 사도세자가 죽은 후 2년 뒤인 1764년(영조 40년) 영조는 세손(정조)을 효장세자의 양자로 삼아 왕위계승자로서의 지위를 확실히 만들어 주죠. 결론적으로 영조는 정조를 왕으로 만들기 위해 사도세자를 죽였던 것입니다. 그리고 정조는 성군이 되어 영조의 선택이 옳았음을 증명했습니다.

영화 〈역린〉

감독: 이재규 **개봉 연도**: 2014년

줄거리: 영화 〈역린〉은 정조 1년에 벌어진 '정조 암살 미수 사건'을 소재로 했습니다. 이 영화에서는 무예 실력이 뛰어난 자객 한 명을 중심으로 수십 명의 자객들이 궁궐에 침입하여 정조의 목숨을 노리는 장면이 묘사되었습니다.

<역린>으로 배우는 '정조 암살 미수 사건'

정조가 즉위하기 이전 세손 시절에도 수많은 암살 시도가 벌어졌습니다. 먼저 『정조실록』을 봅시다.

국가가 지난날 춘궁(春宮)에 있을 적에 흔얼(釁孼)인 무리들과 효경(梟獍)과 같은 부류들이 밤낮으로 몰래 엿보고 이리저리 음탐(陰探)해 온 것은 곧 저군(儲君)의 우익을 제거해 버리고 저군의 심지(心志)를 현혹하는 것이었다. 이런 까닭에 무릇 근시(近侍)·복어(僕御)·액정(掖庭) 천예(賤隷)인 사람까지 모두 그 무리들의 복심(腹心)과 조아(爪牙)들로 배치해 놓고, 국가의 한 번 언동(言動)하고 한 번 어묵(語默)하는 것을 듣고 알지 아니하는 것이 없게 되었었다. 이때에 당하여 국가에서 옷을 벗지 못하고 자는 수가 또한 몇 달인지를 알 수 없었으니, 저궁의 고립과 위태함이 어떠했고 국가 사세의 간난(艱難)함이 어떠했겠는가? 급급(岌岌)하여 위태하다고 하게 되지 않았겠는가? 특별히 궁료(宮僚) 하나가 저궁을 보호함을 힘입어 국가가 오늘날이 있게 되어진 것인데, 무릇 이 사람을 장해(戕害)하려는 계획을 하게 된 것은 곧 우익을 제거해 버리려는 흉심에서이었다.

정조대왕 어진

이는『정조실록』정조 즉위년 6월 23일의 기록으로, 정조가 세손 시절 암살당할 것을 걱정하여 몇 달 동안 옷을 입고 잘 정도였다는 회상입니다. 왕이 되기 전부터 정조에 대한 암살 시도가 계속 있어 왔고, 정조 1년에는 정조에 대한 암살 시도까지 일어났던 것이죠. 실제 사건은 어떠했을까요? 먼저『정조실록』의 다음 기록을 봅시다.

갑자기 들리는 발자국 소리가 보장문(寶章門) 동북(東北)쪽에서 회랑(回廊) 위를 따라 은은(隱隱)하게 울려왔고, 어좌(御座)의 중류(中霤)쯤에 와서는 기와 조각을 던지고 모래를 던지어 쟁그랑거리는 소리를 어떻게 형용할 수 없었다. 임금이 한참 동안 고요히 들어 보며 도둑이 들어 시험해 보고 있는가를 살피고서, 친히 환시(宦侍)와 액례(掖隸)들을 불러 햇불을 들고 중류 위를 수색하도록 했었는데, 기와 쪽과 자갈, 모래와 흙이 이리저리 흩어져 있고 마치 사람이 차다가 밟다가 한 것처럼 되어 있었으니 도둑질하려 한 것이 의심할 여지가 없었다.

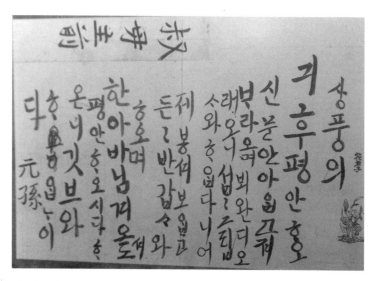

정조 유년기 편지

이는 『정조실록』 정조 1년 7월 28일의 기록으로, 당시 정조는 경희궁 존현각에 머물고 있었는데, 정조가 혼자 책을 읽고 있던 중 지붕 위에서 나는 소리에 사람들을 불러 지붕 위를 수색하게 했지만 사람이 있던 흔적만 발견되었습니다. 이와 같이 자객의 흔적이 발견되자 정조는 처소를 창덕궁으로 옮겼습니다. 그러나 곧 자객들은 다시 정조의 목숨을 노립니다. 다시 『정조실록』으로 돌아갑시다.

조금 있다가 어느 사람이 곧장 경추문(景秋門) 북쪽 담장을 향해 가며 장차 몰래 넘어가려고 하므로, 김춘득 등이 이웃의 수포군 김춘삼(金春三)·이복재(李福才) 두 사람을 툭툭 차서 일으키어 함께 추격하여 잡았는데, 병조를 경유하여 포도청(捕盜廳)으로 보냈고, 포도청에서 그 정절(情節)을 힐문해 보니 원동(院洞) 임장(任掌)인 전유기(田有起)로 이름을 홍문(興文)이라고 고쳐버린 자이었다. 대개 전흥문은 강용휘(姜龍輝)와 함께 존현각(尊賢閣) 중류(中霤) 위에 몰래 들어가 칭란(稱亂)하려고 도모하다가 실현하지 못했었는데, 이번에 또 재차 거사(擧事)하려다가 마침내 수포군(守鋪軍)에게 잡히게 된 것이다.

이는 『정조실록』 정조 1년 8월 11일의 기록으로, 자객 전흥문이 창덕궁 담장을 넘으려다가 붙잡혔는데, 7월 28일 경희궁 존현각 지붕 위에 올라갔다가 도망친 2명 중 1명이었다는 것입니다. 다시 말해 전흥문은 강용휘와 함께 경희궁에 침입하여 정조를 암살하려다가 실패하고 도망친 후 다시 창덕궁으로 처소를 옮긴 정조를 암살하기 위해 침입하던 중 발각되어 체포되었던 것입니다. 또한 영화 〈역린〉에서처럼 정조 암살에 동원된 자객들은 50명 정도였던 것으로 보입니다. 다시 『정조실록』의 기록을 봅시다.

그제는 7월 28일의 변란(變亂)을 일으키어 비수(匕首)를 낀 전흥문(田興文)과 철편(鐵鞭)을 지닌 강용휘(姜龍輝)가 깊은 밤에 대내(大內)로 들어와 궁전(宮殿)의 용마루에서 멋대로 놀게 되고, 또한 대궐 밑에는 장사(壯士) 50명을 잠복(潛伏)해 놓고서 성패(成敗)를 관망(觀望)하게 한 짓은 모두가 홍상범(洪相範)이 사람을 모집하여 한 짓이다.

이는 『정조실록』 정조 1년 9월 24일의 기록으로, 자객 전흥문과 강용휘가 7월 28일 정조를 암살하려고 침입한 날 홍상범은 대궐 근처에 50명의 인원을 대기하여 정조 암살 이후를 준비했습니다. 그렇다면 자객을 보낸 배후 세력인 홍상범은 누구일까요? 바로 홍계희의 손자였습니다. 홍계희는 사도세자가 뒤주에 갇혀 죽도록 만든 대표적 인물입니다. 당시 홍계희는 이미 사망했지만 그 손자였던 홍상범은 역적의 자손으로 죽게 될 것을 예감하고 미리 정조를 암살하려던 것입니다. 그렇다면 홍상범은 정조를 암살하려던 진짜 주범이었을까요? 주범은 〈역린〉에서도 묘사한 것과 같이 정조의 할머니였던 정순왕후였을 가능성이 있습니다. 홍상범은 정조 암살 작전을 위해 자객 전흥문, 호위청 군관 강용휘뿐만 아니라 정순왕후 쪽 상궁 고수애까지도 포섭했습니다. 다시 『정조실록』을 봅시다.

"고 상궁은 곧 방주(房主)이기 때문에 과연 강용휘(姜龍輝)가 한 말을 전했더니, 고 상궁이 만류하지도 않았고 또한 그의 양녀(養女) 복문 상궁(福文尙宮)과 함께 방안에서 이 일을 비밀로 말하며 속으로 성공하기 바랐었습니다."

위의 기록은 자객 강용휘의 딸인 궁녀 강월혜가 한 말로 암살 작전을 상궁 고수애에게 말하자 만류하지 않고 비밀을 유지하며 정조 암살의 성공을 바랐다는 것입니다. 이것은 고상궁의 윗분인 정순왕후도 이 작전을 알고 있었으며, 어쩌면 홍상범의 배후가 정순왕후일 가능성을 보여 줍니다. 정조 암살 작전에 투입된 자객 2명 중 1명인 강용휘는 호위청 군관으로 현대로 말하면 대통령 경호실 요원과 같습니다. 즉 대통령 암살 시도에 대통령 경호실 요원이 개입된 것과 마찬가지입니다. 그런데 그 딸은 이 암살 작전을 정순왕후 쪽 상궁에게 전했고, 함께 비밀을 공유하며 암살 성공을 바라는 한편이 되었습니다.

거중기 복원 모형

　이 이야기를 거꾸로 생각하면 더 자연스럽습니다. 정순왕후가 암살 작전의 배후라면 고상궁을 통해 궁녀 강월혜의 아버지인 호위청 군관 강용휘를 암살 작전에 투입했을 가능성이 큽니다. 정조를 지키는 호위청 군관이 무슨 이유로 정조 암살 작전에 함께했을까요? 강용휘가 홍상범을 믿고 암살 작전에 참여했다기보다는 정순왕후를 믿고 참여했다고 보는 것이 더 일리가 있죠. 결론적으로 '정조 암살 미수 사건'의 주범은 정순왕후였을 가능성이 크다고 볼 수 있습니다.

드라마 〈이산〉

작가: 김이영 **연출**: 이병훈, 김근홍 **방송 연도**: 2007년~2008년 MBC 방송

줄거리: 드라마 〈이산〉은 어린 정조가 어린 '성송연'을 만나는 데에서부터 시작됩니다. 이때 어린 정조는 아버지 사도세자의 죽음을 겪게 되었으며, 왕이 되기 전까지 세손 시절의 정조를 암살하려는 세력으로부터 살아남는 과정이 주된 내용입니다. 정조가 왕이 되어 펼친 여러 개혁들과 화성 건설 이후 화성 능행을 하는 정조의 행렬이 멋있게 묘사된 드라마입니다.

〈이산〉으로 배우는 정조의 사랑 이야기

의빈 성씨 묘(왼쪽)와 어제의빈묘지명(오른쪽): 경기 고양 소재. 어제의빈묘지명이 새겨진 비석은 정조가 의빈 성씨를 매우 사랑했음을 보여 줍니다.

드라마 〈이산〉의 여자 주인공은 '성송연'으로 도화서에서 일하는 다모였다가 정조의 후궁이 된 인물로 묘사되었습니다. 이 인물의 실존 인물은 '의빈 성씨'입니다. 의빈 성씨는 실제로도 정조의 첫사랑이었던 것으로 보입니다. 먼저 정조가 쓴 「어제의빈묘지명」의 일부를 봅시다.

처음 승은을 내렸을 때 내전이 아직 귀한 아이를 낳아 기르지 못했다며 눈물을 흘리고 울면서, 이에 감히 명을 따를 수 없다며 죽음을 맹세했다. 나는 마음을 느끼고 더는 다그치지 못했다. 15년 뒤에 널리 후궁을 간택하고 다시 명을 내렸으나 빈은 또 거절했다. 이에 빈의 노비를 꾸짖고 벌을 내렸고 그러한 뒤에 비로소 내 명을 받들어 당석했다. 그 달에 임신함으로써 임인(1782) 9월에 세자를 낳았다. 이 해 소용으로 봉해졌고 귀한 아들로 하여금 빠르게 품계가 올라 의빈이 되었다.

이 글은 정조가 직접 쓴 의빈 성씨의 묘지명입니다. 이에 따르면 정조는 세손 시절인 15세에 의빈 성씨에게 사랑을 고백했지만 거절당했습니다. 아마도 정조는 15세의 어린 나이에 만난 궁녀 성씨를 보고 첫눈에 반한 것으로 보입니다. 그러나 궁녀 성씨는 내전, 즉 세손빈이었던 효의왕후가 아이를 낳지 못했다는 이유를 들어 정조의 사랑 고백을 거절했습니다. 이후 15년 뒤 30세가 된 정조는 다시 궁녀 성씨를 후궁으로 삼고자 했으나 또 거절당했죠. 이에 정조는 궁녀 성씨의 아랫사람들을 혼내는 유치한 방법까지 써서 결국 후궁으로 삼는 데 성공합니다. 즉 의빈 성씨는 정조가 15세에 만난 첫사랑이자 30세에 사랑을 이룬 거의 유일한 연인이었던 것입니다. 정조가 의빈 성씨를 얼마나 사랑했는지를 보여 주는 자료들은 이 외에도 많이 있습니다.

"너 또한 내가 슬픔을 잊을 수 없다는 것을 슬퍼할 것이다."(정조, 「어제의 빈치제제문」 중에서 발췌)

"살아 있는 나와 죽은 네가 끝없이 오랜 세월동안 영원히 이별하니, 나는 못 견딜 정도로 근심과 걱정이 많다."(정조, 「어제의빈삼년내각제축문」 중에서 발췌)

소용 성씨의 이름은 덕임이다. 아버지가 홍봉한의 청지기였던 까닭으로 혜경궁 홍씨 처소의 궁녀로 입궁했다. 혜경궁이 그녀가 복스러운 관상이 라고 칭찬했고 그리고 임금 역시 덕임을 사랑했다. (중략) 어머니(의빈 성 씨)와 태아 모두 세상을 떠났다. 임금이 슬피 울부짖었고 조정에서는 임 금을 위로했다."(황윤석, 『이재난고』 중에서 발췌)

위 기록들 중 『이재난고』에 따르면 의빈 성씨의 이름은 덕임입니다. 즉 드라마 〈이산〉의 '성송연'이 아니라 '성덕임'이 실제 이름이죠. 말 그대로 정조는 성덕임을 사랑했습니다. 의빈 성씨와 뱃속의 아이가 죽자 정조는 슬피 울부짖었습니다. 그런데 정조 때 인물인 황윤석이 쓴 『이재난고』에 는 의빈 성씨의 죽음에 대한 이상한 기록이 남아 있습니다.

대개 화빈 윤씨가 독을 썼다고 했다. 윤씨에게 심히 죄를 물어 내쫓았다.

같은 후궁이었던 화빈 윤씨가 의빈 성씨를 독살했다는 이야기입니다. 당시 이와 같은 소문이 있었던 것은 사실인 듯합니다. 『정조실록』의 기록 을 봅시다.

임금이 말하기를, "병이 이상하더니, 결국 이 지경에 이르고 말았다. 이제

부터 국사를 의탁할 데가 더욱 없게 되었다." 했다. 이는 대체로 의빈의 병 증세가 심상치 않았으므로 당시 사람들이 무슨 빌미가 있는가 의심했다고 했다.

이는 『정조실록』 정조 10년 9월 14일 의빈 성씨에 대한 졸기(돌아가신 분에 대한 평가)에 나오는 기록으로, 사람들이 의빈 성씨의 병 증세에 대해 심상치 않게 여기고 그 빌미를 의심했다는 것입니다. 즉 의빈 성씨가 걸린 병의 증세가 무언가 의심스러웠다는 이야기입니다. 이와 관련된 기록은 『정조실록』에 다음과 같이 나옵니다.

그런데 천만 뜻밖에 5월에 원자가 죽는 변고를 만나 성상이 다시 더욱 위태로워졌으나 그래도 조금은 기대할 수 있는 소지가 있었는데, 또 9월에 상의 변고를 당했다. 궁빈(宮嬪) 하나가 죽었다고 해서 반드시 이처럼 놀라고 마음 아파할 것은 없지만, 나라에 관계됨이 매우 중하기 때문이다. 두 차례 상의 변고에 온갖 병증세가 나타났으므로 처음부터 이상하게 여기었는데 필경에 이 지경에 이르고 말았다.

이는 『정조실록』 정조 10년 12월 1일 정순왕후가 한글로 써서 내린 언문교지의 일부입니다. 정순왕후의 말에 따르면 정조 10년 5월에 문효 세자가 죽고, 9월에 의빈 성씨가 죽었는데, 두 죽음의 병증세가 이상했다는 것입니다. 이와 관련된 이야기가 다시 『정조실록』에 나옵니다.

대제학 김종수가 뵙기를 청하여 아뢰기를, "어떤 인사가 찾아와서 이 종이쪽지를 보여 주었습니다. 그 종이쪽지에 '동내에 있는 손가(孫哥)란 놈이 찾아와서 말하기를 9월에 병환을 앓을 때에 내관 이지사(李知事)가 약물을 살펴보았는데, 약국의 약을 쓰지 않고 그의 약을 달여서 올렸으므로 그것을 먹고 그 즉시 죽었다. 비록 이런 일이 있으나 아는 자가 없었다. 왕대비께서 이를 알아차리고 상감(上監)에게【나라의 풍속에 주상을 상감이라고 일컬었다】고 하자, 상감이 이 말을 듣고 매우 놀라 바로 성빈(成嬪)의 치상소(治喪所)에서 이 지사를 붙잡아다 그 즉시 내보내 목을 베려고 했다. 그런데 중간에서 만류한 자가 있어서 그 자리에서 칼을 씌워서 멀리 귀양을 보냈다가 11월에 방면되어 돌아왔다. 대체로 이 내시는 일찍이 홍국영과 마음을 통해 체결했는데 지극히 요악스러워서 옛날 조고(趙高)라도 그보다 더할 수 없었다. 그의 양자 양대의(梁大宜)도 임금의 총애를 받아 품계가 높았는데, 그의 생부가 처벌을 받았을 때 그의 품계를 삭탈 당했다'고 했습니다." 하니, 임금이 말하기를, "이 일은 반드시 원인이 있을 것이다. 약을 사용한 일에 있어서, 약을 조제하고 약을 달일 때 내가 직접 살펴었으니, 이는 궁중 안팎에서 다 같이 알고 있는 바이다. 더구나 약봉지와 약그릇은 모두 침실에 두고 사용했으니, 사실이 대체로 이와 같다. 이는 중관(中官)이 궁방을 주관했으므로 자기들끼리 시기한 것도 없지 않을 것이니, 지난해에도 이처럼 터무니없는 말이 있었다. 그 단서의 유무를 기다려 문안(文案)을 내보여 주겠다." 했다.

이는 『정조실록』 정조 10년 12월 27일 대제학 김종수가 어떤 인사가 가져온 종이쪽지의 내용을 정조에게 묻고 정조가 이에 대해 답하는 기록입니다. 그런데 종이쪽지에는 내관 이지사(이윤묵)가 의빈 성씨에게 약국의 약이 아닌 자신의 약을 올려서 먹게 했는데, 그 직후 의빈 성씨가 죽었다는 것을 왕대비, 즉 정순왕후가 정조에게 고했다는 것입니다. 또한 의빈 성씨의 치상소, 즉 장례식장에서 이 소식을 들은 정조는 이윤묵을 붙잡아 와 목을 베려고 했으나 주변의 만류에 귀양을 보냈다가 곧 풀어 주었다는 것입니다. 이러한 종이쪽지의 내용에 정조는 '약을 사용하고, 조제하고, 다릴 때 내가 직접 살피었으며, 약봉지와 약그릇은 모두 침실에 두고 사용했다'며 의빈 성씨는 독살당한 것이 아니라는 대답을 합니다.

위에서 살펴본 정순왕후의 언문교지와 대제학 김종수가 물은 종이쪽지의 공통점은 정순왕후가 의빈 성씨의 독살설을 주장했다는 것입니다. 특히 정순왕후가 장례식장에서 정조에게 독살설을 알리자 정조는 범인으로 지목된 내관의 목을 베려고 할 정도로 분노했습니다. 정조 역시 의심되는 것이 있었으므로 독살범으로 지목된 내관을 죽이려 했던 것이죠. 이러한 상황은 의빈 성씨가 실제로 독살 당했을 가능성을 보여 줍니다. 독살의 배후는 정순왕후의 언문교지에 따르면 은언군(정조의 배다른 동생)이고, 대제학 김종수가 물은 종이쪽지에 따르면 내관 이윤묵이며, 『이재난고』에 따르면 화빈 윤씨입니다. 그러나 이들 중 죽임을 당한 경우는 없습니다. 즉 이들은 범인이 아니었다는 반증입니다.

그렇다면 진짜 범인은 누구였을까요? 정조의 아들을 죽이고, 사랑하는 여인과 뱃속의 아이를 죽이면 가장 이로워지는 사람은 그 누구도 아닌 정순왕후였습니다. 실제로 정조가 39세에 다시 얻은 순조가 11세에 즉위했고, 정순왕후는 수렴청정을 하며 권력을 차지했죠. 만약 문효세자가 죽지 않았다면 정조가 죽은 1801년 20세에 즉위했을 것입니다. 당연히 성인이었기 때문에 수렴청정도 없었을 것이고, 정순왕후는 권력을 잡을 기회가 없었을 것입니다. 정순왕후가 내관 이윤묵을 독살범으로 몰고 언문교지를 통해 은언군을 독살범으로 본 이유도 자신의 범행을 숨기려는 목적이었을 수 있죠. 그러나 심증은 가지만 물증이 없으니 의빈 성씨의 독살설은 미스터리로 남을 수밖에 없습니다.

삶의 행복을 꿈꾸는 교육은 어디에서 오는가?

미래 100년을 향한 새로운 교육 　**혁신교육을 실천하는 교사들의 필독서**

▶ 교육혁명을 앞당기는 배움책 이야기
혁신교육의 철학과 잉걸진 미래를 만나다!

한국교육연구네트워크 총서

01 핀란드 교육혁명
한국교육연구네트워크 엮음 | 320쪽 | 값 15,000원

02 일제고사를 넘어서
한국교육연구네트워크 엮음 | 284쪽 | 값 13,000원

03 새로운 사회를 여는 교육혁명
한국교육연구네트워크 엮음 | 380쪽 | 값 17,000원

04 교장제도 혁명
한국교육연구네트워크 엮음 | 268쪽 | 값 14,000원

05 새로운 사회를 여는 교육자치 혁명
한국교육연구네트워크 엮음 | 312쪽 | 값 15,000원

06 혁신학교에 대한 교육학적 성찰
한국교육연구네트워크 엮음 | 308쪽 | 값 15,000원

07 진보주의 교육의 세계적 동향
한국교육연구네트워크 엮음 | 324쪽 | 값 17,000원
2018 세종도서 학술부문

08 더 나은 세상을 위한 학교혁명
한국교육연구네트워크 엮음 | 404쪽 | 값 21,000원
2018 세종도서 교양부문

혁신학교
성열관·이순철 지음 | 224쪽 | 값 12,000원

행복한 혁신학교 만들기
초등교육과정연구모임 지음 | 264쪽 | 값 13,000원

서울형 혁신학교 이야기
이부영 지음 | 320쪽 | 값 15,000원

혁신교육, 철학을 만나다
브렌트 데이비스·데니스 수마라 지음
현인철·서용선 옮김 | 304쪽 | 값 15,000원

혁신교육 존 듀이에게 묻다
서용선 지음 | 292쪽 | 값 14,000원

다시 읽는 조선 교육사
이만규 지음 | 750쪽 | 값 33,000원

대한민국 교육혁명
교육혁명공동행동 연구위원회 지음 | 224쪽 | 값 12,000원

한국교육연구네트워크 번역 총서

01 프레이리와 교육
존 엘리아스 지음 | 한국교육연구네트워크 옮김
276쪽 | 값 14,000원

02 교육은 사회를 바꿀 수 있을까?
마이클 애플 지음 | 강희룡·김선우·박원순·이형빈 옮김
356쪽 | 값 16,000원

**03 비판적 페다고지는
세상을 변화시킬 수 있는가?**
Seewha Cho 지음 | 심성보·조시화 옮김 | 280쪽 | 값 14,000원

04 마이클 애플의 민주학교
마이클 애플·제임스 빈 엮음 | 강희룡 옮김 | 276쪽 | 값 14,000원

05 21세기 교육과 민주주의
넬 나딩스 지음 | 심성보 옮김 | 392쪽 | 값 18,000원

**06 세계교육개혁:
민영화 우선인가 공적 투자 강화인가?**
린다 달링-해먼드 외 지음 | 심성보 외 옮김 | 408쪽 | 값 21,000원

07 콩도르세, 공교육에 관한 다섯 논문
니콜라 드 콩도르세 지음 | 이주환 옮김 | 300쪽 | 값 16,000원

대한민국 교사, 어떻게 가르칠 것인가?
윤성관 지음 | 320쪽 | 값 15,000원

아이들을 어떻게 가르칠 것인가
사토 마나부 지음 | 박찬영 옮김 | 232쪽 | 값 13,000원

모두를 위한 국제이해교육
한국국제이해교육학회 지음 | 364쪽 | 값 16,000원

경쟁을 넘어 발달 교육으로
현광일 지음 | 288쪽 | 값 14,000원

독일 교육, 왜 강한가?
박성희 지음 | 324쪽 | 값 15,000원

핀란드 교육의 기적
한넬레 니에미 외 엮음 | 장수명 외 옮김 | 456쪽 | 값 23,000원

한국 교육의 현실과 전망
심성보 지음 | 724쪽 | 값 35,000원

▶ 비고츠키 선집 시리즈
발달과 협력의 교육학 어떻게 읽을 것인가?

생각과 말
레프 세묘노비치 비고츠키 지음
배희철·김용호·D. 켈로그 옮김 | 690쪽 | 값 33,000원

성장과 분화
레프 비고츠키 지음 | 비고츠키 연구회 옮김
308쪽 | 값 15,000원

도구와 기호
비고츠키·루리야 지음 | 비고츠키 연구회 옮김
336쪽 | 값 16,000원

연령과 위기
L.S. 비고츠키 지음 | 비고츠키 연구회 옮김
336쪽 | 값 17,000원

어린이 자기행동숙달의 역사와 발달 I
L.S. 비고츠키 지음 | 비고츠키 연구회 옮김
564쪽 | 값 28,000원

의식과 숙달
L.S 비고츠키 | 비고츠키 연구회 옮김
348쪽 | 값 17,000원

어린이 자기행동숙달의 역사와 발달 II
L.S. 비고츠키 지음 | 비고츠키 연구회 옮김
552쪽 | 값 28,000원

분열과 사랑
L.S. 비고츠키 지음 | 비고츠키 연구회 옮김
260쪽 | 값 16,000원

어린이의 상상과 창조
L.S. 비고츠키 지음 | 비고츠키 연구회 옮김
280쪽 | 값 15,000원

성애와 갈등
L.S. 비고츠키 지음 | 비고츠키 연구회 옮김
268쪽 | 값 17,000원

비고츠키와 인지 발달의 비밀
A.R. 루리야 지음 | 배희철 옮김 | 280쪽 | 값 15,000원

관계의 교육학, 비고츠키
진보교육연구소 비고츠키교육학실천연구모임 지음
300쪽 | 값 15,000원

수업과 수업 사이
비고츠키 연구회 지음 | 196쪽 | 값 12,000원

비고츠키 생각과 말 쉽게 읽기
진보교육연구소 비고츠키교육학실천연구모임 지음
316쪽 | 값 15,000원

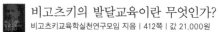
비고츠키의 발달교육이란 무엇인가?
비고츠키교육학실천연구모임 지음 | 412쪽 | 값 21,000원

교사와 부모를 위한 비고츠키 교육학
카르포프 지음 | 실천교사번역팀 옮김 | 308쪽 | 값 15,000원

비고츠키 철학으로 본 핀란드 교육과정
배희철 지음 | 456쪽 | 값 23,000원

▶ 살림터 참교육 문예 시리즈
영혼이 있는 삶을 가르치는 온 선생님을 만나다!

꽃보다 귀한 우리 아이는
조재도 지음 | 244쪽 | 값 12,000원

선생님이 먼저 때렸는데요
강병철 지음 | 248쪽 | 값 12,000원

성깔 있는 나무들
최은숙 지음 | 244쪽 | 값 12,000원

서울 여자, 시골 선생님 되다
조경선 지음 | 252쪽 | 값 12,000원

아이들에게 세상을 배웠네
명혜정 지음 | 240쪽 | 값 12,000원

행복한 창의 교육
최창의 지음 | 328쪽 | 값 15,000원

밥상에서 세상으로
김흥숙 지음 | 280쪽 | 값 13,000원

북유럽 교육 기행
정애경 외 14인 지음 | 288쪽 | 값 14,000원

우물쭈물하다 끝난 교사 이야기
유기창 지음 | 380쪽 | 값 17,000원

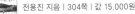

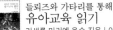

학교 혁신의 길, 아이들에게 묻다
남궁상운 외 지음 | 272쪽 | 값 15,000원

 프레이리의 사상과 실천
사람대사람 지음 | 352쪽 | 값 18,000원
2018 세종도서 학술부문

 혁신학교, 한국 교육의 미래를 열다
송순재 외 지음 | 608쪽 | 값 30,000원

 페다고지를 위하여
프레네의 『페다고지 불변요소』 읽기
박찬영 지음 | 296쪽 | 값 15,000원

 노자와 탈현대 문명
홍승표 지음 | 284쪽 | 값 15,000원

 선생님, 민주시민교육이 뭐예요?
염경미 지음 | 244쪽 | 값 15,000원

 어쩌다 혁신학교
유우석 외 지음 | 380쪽 | 값 17,000원

 미래, 교육을 묻다
정광필 지음 | 232쪽 | 값 15,000원

 대학, 협동조합으로 교육하라
박주희 외 지음 | 252쪽 | 값 15,000원

 입시, 어떻게 바꿀 것인가?
노기원 지음 | 306쪽 | 값 15,000원

 촛불시대, 혁신교육을 말하다
이용관 지음 | 240쪽 | 값 15,000원

 라운드 스터디
이시이 데루마사 외 엮음 | 224쪽 | 값 15,000원

 미래교육을 디자인하는 학교교육과정
박승열 외 지음 | 348쪽 | 값 18,000원

 흥미진진한 아일랜드 전환학년 이야기
제리 제퍼스 지음 | 최상덕·김호원 옮김 | 508쪽 | 값 27,000원

 폭력 교실에 맞서는 용기
따돌림사회연구모임 학급운영팀 지음 | 272쪽 | 값 15,000원

 그래도 혁신학교
박은혜 외 지음 | 248쪽 | 값 15,000원

 학교 민주주의의 불한당들
정은균 지음 | 276쪽 | 값 14,000원

 교육과정, 수업, 평가의 일체화
리사 카터 지음 | 박승열 외 옮김 | 196쪽 | 값 13,000원

 학교를 개선하는 교장
지속가능한 학교 혁신을 위한 실천 전략
마이클 풀란 지음 | 서동연·정효준 옮김 | 216쪽 | 값 13,000원

 공자던, 논어는 이것이다
유문상 지음 | 392쪽 | 값 18,000원

 교사와 부모를 위한
발달교육이란 무엇인가?
현광일 지음 | 380쪽 | 값 18,000원

 교사, 이오덕에게 길을 묻다
이무완 지음 | 328쪽 | 값 15,000원

 낙오자 없는 스웨덴 교육
레이프 스트란드베리 지음 | 변광수 옮김 | 208쪽 | 값 13,000원

 끝나지 않은 마지막 수업
장석웅 지음 | 328쪽 | 값 20,000원

 경기꿈의학교
진흥섭 외 지음 | 360쪽 | 값 17,000원

 학교를 말한다
이성우 지음 | 292쪽 | 값 15,000원

 행복도시 세종, 혁신교육으로 디자인하다
곽순일 외 지음 | 392쪽 | 값 18,000원

 나는 거꾸로 교실 거꾸로 교사
류광모·임정훈 지음 | 212쪽 | 값 13,000원

 교실 속으로 간 이해중심 교육과정
온정덕 외 지음 | 224쪽 | 값 13,000원

 교실, 평화를 말하다
따돌림사회연구모임 초등우정팀 지음 | 268쪽 | 값 15,000원

 학교자율운영 2.0
김용 지음 | 240쪽 | 값 15,000원

 학교자치를 부탁해
유우석 외 지음 | 252쪽 | 값 15,000원

▶ 교과서 밖에서 만나는 역사 교실
상식이 통하는 살아 있는 역사를 만나다

전봉준과 동학농민혁명
조광환 지음 | 336쪽 | 값 15,000원

교과서 밖에서 배우는 역사 공부
정은교 지음 | 292쪽 | 값 14,000원

남도의 기억을 걷다
노성태 지음 | 344쪽 | 값 14,000원

팔만대장경도 모르면 빨래판이다
전병철 지음 | 360쪽 | 값 16,000원

응답하라 한국사 1·2
김은석 지음 | 356쪽·368쪽 | 각권 값 15,000원

빨래판도 잘 보면 팔만대장경이다
전병철 지음 | 360쪽 | 값 16,000원

즐거운 국사수업 32강
김남선 지음 | 280쪽 | 값 11,000원

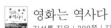
영화는 역사다
강성률 지음 | 288쪽 | 값 13,000원

즐거운 세계사 수업
김은석 지음 | 328쪽 | 값 13,000원

친일 영화의 해부학
강성률 지음 | 264쪽 | 값 15,000원

강화도의 기억을 걷다
최보길 지음 | 276쪽 | 값 14,000원

한국 고대사의 비밀
김은석 지음 | 304쪽 | 값 13,000원

광주의 기억을 걷다
노성태 지음 | 348쪽 | 값 15,000원

조선족 근현대 교육사
정미량 지음 | 320쪽 | 값 15,000원

**선생님도 궁금해하는
한국사의 비밀 20가지**
김은석 지음 | 312쪽 | 값 15,000원

다시 읽는 조선근대교육의 사상과 운동
윤건차 지음 | 이명실·심성보 옮김 | 516쪽 | 값 25,000원

걸림돌
키르스텐 세롭-빌펠트 지음 | 문봉애 옮김
248쪽 | 값 13,000원

음악과 함께 떠나는 세계의 혁명 이야기
조광환 지음 | 292쪽 | 값 15,000원

역사수업을 부탁해
열 사람의 한 걸음 지음 | 388쪽 | 값 18,000원

논쟁으로 보는 일본 근대교육의 역사
이명실 지음 | 324쪽 | 값 17,000원

진실과 거짓, 인물 한국사
하성환 지음 | 400쪽 | 값 18,000원

다시, 독립의 기억을 걷다
노성태 지음 | 320쪽 | 값 16,000원

우리 역사에서 사라진 근현대 인물 한국사
하성환 지음 | 296쪽 | 값 18,000원

한국사 리뷰
김은석 지음 | 244쪽 | 값 15,000원

▶ 창의적인 협력 수업을 지향하는 삶이 있는 국어 교실
우리말 글을 배우며 세상을 배운다

중학교 국어 수업 어떻게 할 것인가?
김미경 지음 | 340쪽 | 값 15,000원

토론의 숲에서 나를 만나다
명혜정 엮음 | 312쪽 | 값 15,000원

토닥토닥 토론해요
명혜정·이명선·조선미 엮음 | 288쪽 | 값 15,000원

인문학의 숲을 거니는 토론 수업
순천국어교사모임 엮음 | 308쪽 | 값 15,000원

어린이와 시
오인태 지음 | 192쪽 | 값 12,000원

수업, 슬로리딩과 함께
박경숙 외 지음 | 268쪽 | 값 15,000원

▶ 더불어 사는 정의로운 세상을 여는 인문사회과학
사람의 존엄과 평등의 가치를 배운다

밥상혁명
강양구·강이현 지음 | 298쪽 | 값 13,800원

좌우지간 인권이다
안경환 지음 | 288쪽 | 값 13,000원

도덕 교과서 무엇이 문제인가?
김대용 지음 | 272쪽 | 값 14,000원

민주시민교육
심성보 지음 | 544쪽 | 값 25,000원

자율주의와 진보교육
조엘 스프링 지음 | 심성보 옮김 | 320쪽 | 값 15,000원

민주시민을 위한 도덕교육
심성보 지음 | 500쪽 | 값 25,000원
2015 세종도서 학술부문

민주화 이후의 공동체 교육
심성보 지음 | 392쪽 | 값 15,000원
2009 문화체육관광부 우수학술도서

교과서 밖에서 배우는 인문학 공부
정은교 지음 | 280쪽 | 값 13,000원

갈등을 넘어 협력 사회로
이창언·오수길·유문종·신윤관 지음 | 280쪽 | 값 15,000원

오래된 미래교육
정재걸 지음 | 392쪽 | 값 18,000원

동양사상과 마음교육
정재걸 외 지음 | 356쪽 | 값 16,000원
2015 세종도서 학술부문

대한민국 의료혁명
전국보건의료산업노동조합 엮음 | 548쪽 | 값 25,000원

교과서 밖에서 배우는 철학 공부
정은교 지음 | 280쪽 | 값 14,000원

교과서 밖에서 배우는 고전 공부
정은교 지음 | 288쪽 | 값 14,000원

교과서 밖에서 배우는 사회 공부
정은교 지음 | 304쪽 | 값 15,000원

전체 안의 전체 사고 속의 사고
김우창의 인문학을 읽다
현광일 지음 | 320쪽 | 값 15,000원

교과서 밖에서 배우는 윤리 공부
정은교 지음 | 292쪽 | 값 15,000원

카스트로, 종교를 말하다
피델 카스트로·프레이 베토 대담 | 조세종 옮김
420쪽 | 값 21,000원

한글 혁명
김슬옹 지음 | 388쪽 | 값 18,000원

일제강점기 한국철학
이태우 지음 | 448쪽 | 값 25,000원

우리 안의 미래교육
정재걸 지음 | 484쪽 | 값 25,000원

한국 교육 제4의 길을 찾다
이길상 지음 | 400쪽 | 값 21,000원

▶ 평화샘 프로젝트 매뉴얼 시리즈
학교폭력에 대한 근본적인 예방과 대책을 찾는다

학교폭력 어떻게 만들어지는가
문재현 외 지음 | 300쪽 | 값 14,000원

아이들을 살리는 동네
문재현·신동명·김수동 지음 | 204쪽 | 값 10,000원

학교폭력, 멈춰!
문재현 외 지음 | 348쪽 | 값 15,000원

평화! 행복한 학교의 시작
문재현 외 지음 | 252쪽 | 값 12,000원

왕따, 이렇게 해결할 수 있다
문재현 외 지음 | 236쪽 | 값 12,000원

마을에 배움의 길이 있다
문재현 지음 | 208쪽 | 값 10,000원

젊은 부모를 위한 백만 년의 육아 슬기
문재현 지음 | 248쪽 | 값 13,000원

별자리, 인류의 이야기 주머니
문재현·문한뫼 지음 | 444쪽 | 값 20,000원

우리는 마을에 산다
유양우·신동명·김수동·문재현 지음 | 312쪽 | 값 15,000원

동생아, 우리 뭐 하고 놀까?
문재현·김미자·윤재화·임오규·권옥화 지음 | 280쪽 | 값 15,000원

▶ 남북이 하나 되는 두물머리 평화교육
분단 극복을 위한 치열한 배움과 실천을 만나다

 10년 후 통일
정동영·지승호 지음 | 328쪽 | 값 15,000원

 선생님, 통일이 뭐예요?
정경호 지음 | 252쪽 | 값 13,000원

 분단시대의 통일교육
성래운 지음 | 428쪽 | 값 18,000원

 김창환 교수의 DMZ 지리 이야기
김창환 지음 | 264쪽 | 값 15,000원

 한반도 평화교육 어떻게 할 것인가
이기범 외 지음 | 252쪽 | 값 15,000원

▶ 출간 예정

근간 학교는 어떤 공동체인가?
성열관 외 지음

근간 왜 그는 한국으로 돌아왔나?
황선준 지음

근간 비판적 실천을 위한 교육학
이윤미 외 지음

근간 선생님, 페미니즘이 뭐예요?
염경미 지음

근간 프레네 실천 교육학
정훈 지음

근간 경남 역사의 기억을 걷다
류형진 외 지음

근간 마을교육공동체운동의 역사와 미래
김용련 지음

근간 교사 전쟁
Dana Goldstein 지음 | 유성상 외 옮김

근간 언어던
정은균 지음

근간 자유학기제란 무엇인가?
최상덕 지음

근간 교육이성 비판
조상식 지음

근간 한국 교육 어디서 와서 어디로 가는가?
이주영 지음

근간 식물의 교육학
이차영 지음

근간 삶을 위한
국어교육과정, 어떻게 만들 것인가?
명혜정 지음

근간 신채호, 역사란 무엇인가?
이주영 지음

근간 마을수업, 마을교육과정!
서용선·백윤애 지음

근간 민·관·학 협치 시대를 여는
마을교육공동체 만들기
김태정 지음

근간 즐거운 동아시아사 수업
김은석 지음

근간 민주주의와 교육
Pilar Ocadiz, Pia Wong, Carlos Torres 지음 | 유성상 옮김

근간 혁신학교,
다 함께 만들어 가는 강명초 5년 이야기
이부영 지음

근간 민주시민교육을 위한
역사수업 어떻게 할 것인가?
황현정 지음

근간 미국의 진보주의 교육 운동사
윌리엄 헤이스 지음 | 심성보 외 옮김

참된 삶과 교육에 관한
생각 줍기